한글 점자 만든
박두성

점자로 세상을 열다

점자를 아세요?

점자는 시각 장애인이 손가락으로 더듬어 읽는 특수한 부호 글자입니다. 다시 말해 점자는 시각 장애인을 위한 문자이지요. 오늘날 널리 쓰이는 6점 점자 체계는 1829년 프랑스 사람 루이 브라이가 만들었고, 이를 토대로 박두성이 1926년 한글 점자를 만들었지요.
조금만 관심을 갖고 보면 우리 둘레에서도 쉽게 점자를 볼 수 있습니다.

▲ 엘리베이터에 있는 점자

▲ 음료수 캔에 표기된 점자

▲ 지하철 계단 손잡이에 있는 점자

한글 점자 훈맹정음

앞이 보이는 이에게 '훈민정음'이 있다면, 우리 나라 시각 장애인에게는 '훈맹정음'이 있습니다. 1926년 반포된 한글 점자는 시각 장애인들에게 세상으로 통하는 문을 열어 주었습니다. 한평생을 한글 점자 연구와 시각 장애인 교육에 바친 박두성이 있었기에 가능한 일입니다.

▲ 박두성 선생님이 직접 만든 점자 책

▲ 여섯 점 점자를 뜻하는 '육화(六花)'가 새겨진 점자 원판

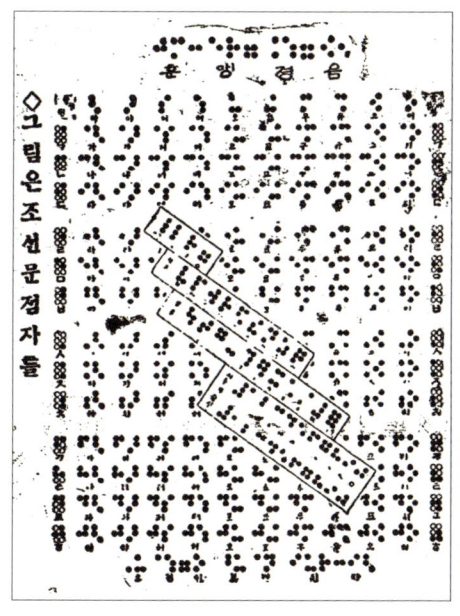
▲ 훈맹정음이 반포되었음을 알리는 신문 기사
(조선일보 1929년 7월 29일)

한 그루 늘 푸른 소나무, 송암 박두성

'송암'은 사계절 변치 않는, 암자의 소나무라는 뜻입니다. 박두성은 그 뜻대로 꼿꼿하게 외길을 걸었습니다. 스물여섯에 맹아부 교사로 발령받아 시각 장애인들을 처음 만난 그날부터 평생을 하루같이 이들을 가르치고 이끄는 일만 생각했습니다. 우리 말, 우리 글도 맘대로 쓸 수 없던 일제 강점기에 혼자 힘으로 한글 점자를 만들었습니다.

▲ 손주를 안고

▲ 생의 동반자이자 정신적 후원자였던 아내 김경내

▲ 제자와 함께 점자판을 만드는 박두성

▲ 제생원 맹아부 당시 해부학 수업 시간

▲ 제자들과 함께

박두성의 발자취

박두성은 살아 있지 않지만 그를 사랑하고 존경하는 사람들 마음속에는, 엄하면서 인자한 그분 모습이 남아 있습니다. 남한은 물론 북한 시각 장애인들도 같이 쓰고 있는 한글 점자가 우리 곁에 있듯이 말입니다.

◀ 인천시 남구 학익동 '인천 시각 장애인 복지관' 안에 있는 '송암 기념관'

▲ 박두성이 쓰던 점자 타자기

▲ 박두성 흉상

▲ 국립 서울 맹학교에 있는 '박두성 한글 점자 창안 기념비'

▲ 박두성 추모회에 모인 맹인들

▲ 작가 이미경과 박두성의 친딸 박정희 할머니

우리인물이야기 09

한글 점자 만든 박두성_
점자로 세상을 열다

2005년 4월 15일 1판 1쇄 펴냄
2023년 3월 30일 2판 23쇄 펴냄

지은이·이미경
그린이·권정선
펴낸이·신명철
펴낸곳·(주)우리교육
등록·제313-2001-52호
주소·03993 서울특별시 마포구 월드컵북로 6길 46
전화·02-3142-6770
팩스·02-6488-9615
홈페이지·www.urikyoyuk.modoo.at
제조국명·대한민국
사용연령·12세 이상
주의사항·종이에 베이거나 긁히지 않도록 조심하세요.
　　　　 책 모서리가 날카로우니 던지거나 떨어뜨리지 마세요.

· 잘못된 책은 구입하신 서점에서 바꾸어 드립니다.
· 이 책의 내용을 쓰려면 반드시 저작권자와 (주)우리교육에 서면 허락을 받아야 합니다.
· 책값은 뒤표지에 있습니다.

ⓒ 이미경, 권정선, 2005
ISBN 978-89-8040-729-3 74810

이 책의 국립중앙도서관 출판시도서목록(CIP)은 e-CIP 홈페이지(http://www.nl.go.kr/cip.php)에서 이용할 수 있습니다.
(CIP제어번호: CIP2006002331)

한글 점자 만든
박두성

점자로
세상을 열다

이미경 지음 | 권정선 그림

우리교육

이 책을 읽는 어린이에게

여러분은 혹시 점자를 본 적이 있나요?
하루에 몇 번씩 타는 엘리베이터 안에서 오톨도톨한 모양의 점자를 본 친구들도 있을 거예요.
"이건 무슨 글자일까?"
하고 손끝으로 한 번쯤 만져 본 친구도 있을 테고, 그냥 무심히 보아 넘긴 친구도 있겠지요.

올라감 : 상   ● ○
            ● ○   사
            ● ○

            ○ ○
            ● ●   받침 ㅇ
            ● ●

내려감 : 하   ○ ●
            ● ●   하 (또는 ㅎ)
            ○ ○

이 글을 쓰는 나도 예전에는 앞을 못 보는 장애인에게 특별한 관심이 없었어요. 그런데 우리 아이가 저시력 장애를 갖게 되면서부터 아이 눈에 보이는 세상을 조금이라도 이해하고 도와주고 싶었어요.
　그런 눈으로 주위를 둘러보니, 세상은 이제껏 보아 온 모습과는 퍽 다르게 다가왔답니다.
　우리 주변에는 시각 장애인이 살기에 답답하고 불편한 것이 한둘이 아니랍니다.
　'우리 아파트 엘리베이터에서는 왜 안내 방송이 안 나오는 걸까?'
　'왜 사람들은 길에다 제멋대로 물건을 쌓아 놓아서 애써 깔아 놓은 점자 블록을 가려 버리는 거지?'
　'지하철 계단은 왜 온통 회색빛 돌로만 되어 있을까? 눈에 잘 띄는 색깔로 표시해 놓으면 누구나 편리할 텐데…….'
　안타깝고 아쉬운 생각이 끝이 없었지요.
　그래도 예전보다는 장애를 가진 사람들이 살기에 편리한 세상으로 조금씩 바뀌어 가고 있어요.
　특히 시각 장애인을 위한 정보 기술은 빠른 속도로 발달하고 있지요.
　하지만 이렇게 좋은 환경이 저절로 만들어진 것은 아닐 거예요. 누군가

가 사람들의 무관심을 깨우고, 아무도 알아주지 않아도 장애인에게 꼭 필요한 일을 묵묵히 해 왔기 때문일 거예요.

　여러분은 한글 점자를 맨 처음 만든 사람이 누구인지 알고 있나요?
　아마 프랑스 사람 '루이 브라이'를 떠올리는 친구들이 많을 거예요. 하지만 오늘날 우리 나라 시각 장애인이 편리하게 쓰고 있는 한글 점자를 처음 만든 분이 누구인지 아는 사람은 그리 많지 않을 것 같아요.
　박두성 선생님은 보통 사람도 배우기 어렵던 일제 강점기에 시각 장애인들이 교육받고 인간답게 살 수 있도록 애쓴 분이랍니다. 우리 말과 글이 탄압받던 시대에 오히려 한글 점자를 만들어 눈먼 사람에게 새로운 세상을 열어 준 분이지요.
　교통과 통신망이 보잘것없던 그 시절에도 전국의 시각 장애인을 대상으로 점자 통신 교육을 하고, 방방곡곡 점자 강의를 하러 다닌 선생님의 앞선 생각과 열정은 참으로 놀라웠습니다.
　제가 우리 아이의 통합 교육을 위해 시골 학교로 갔다가, 점자를 배우기 위해 다시 도시로 나와야만 하던 현실이 그때에 견주어 그다지 나아지지 않은 것 같아 안타까웠습니다.

박두성 선생님의 일생을 좇아 그분을 알게 된 것은 나에게 소중한 체험이었어요. 열두 살 나이에 처음으로 점자를 배워야 했던 우리 아이와 함께한 시간 때문에도 더욱 그랬지요.

지난 여름 박두성 선생님에 대한 글을 쓸 무렵, 우연히 판소리 〈심청가〉 공연을 보았습니다.
어려서부터 《심청전》 이야기를 들어서인지, 우리는 앞을 보지 못하는 사람이라고 하면 흔히 심 봉사와 효녀 심청을 떠올립니다. 〈심청가〉 마지막 장면인 심 봉사 눈 뜨는 대목은 참으로 감동을 주었어요.
심 봉사가 눈을 뜬 순간 그곳에 모인 다른 맹인들도 다 함께 눈을 뜨게 되었다는 사설을 듣자, 나는 박두성 선생님이 창안한 한글 점자가 문득 떠올랐어요.
옛이야기 속에서처럼 눈을 뜨는 기적이 우리 현실에서는 일어나기 힘든 일인지도 몰라요.
하지만 시각 장애인이 '점자'라는 문자로 다른 사람들과 소통하고 자신의 길을 밝혀 나갈 수 있는 것이야말로 진정한 '눈뜸'이기도 하잖아요.
어린 심청이 잘 자랄 수 있게끔 도와준 것이 바로 귀덕 어멈 같은 이웃 사람들이었다는 사실도 새롭게 와 닿았어요. 《심청전》이 지어진 조선 시대에도 장애인을 도와주는 최고의 사회 보장 제도는 그들이 사는 마을인 셈이지요.
  이것은 다양한 기술이 날로 발달해 옛날보다 훨씬 더 살기 좋아진 오늘날에도 여전히 의미 있는 이야기로 다가옵니다.

  나는 오래 전에 돌아가신 박두성 선생님의 발자취를 느껴 보고 싶어 인천 학익동에 있는 '송암 기념관'을 찾았습니다. 그곳에는 일제 강점기부터 광복 이후까지 선생님이 남긴 기록과 물건이 많이 있었습니다.
  무엇보다 선생님이 쓰던 놋그릇과 밥상을 보자, 밥 먹는 동안에도 손가락 마디를 만지며 점자 연구에 몰두했다는 이야기가 떠올라 코끝이 찡했습니다.
  그 밖에도 선생님을 생생하게 기억하는 분들을 만나 보았습니다.
  박두성 선생님이 남긴 기록과 유품을 정성껏 간직하고 지금까지 그 뜻을 이어 온 따님 박정희 할머니, 박두성 선생님과 함께 점자 소식지 〈촛불〉을 발행한 제자 이상진 할아버지, 그리고 선생님을 도와 성서를 점자로 옮기고 점자 책을 만들어 시각 장애인의 눈이 되어 준 이경희 할머니가 바로 그분들입니다.
 그분들을 만나면서 새로이 알게 된 박두성 선생님 이야기도 놀라웠지만, 어려운 시대를 살아온 한 사람, 한 사람의 삶이 나에게는 마치 숨어 있는 보석처럼 다가왔답니다.

 나는 이 책을 통해 여러분도 박두성 선생님이 만든 한글 점자를 만나게 되기를 바랍니다. 그리고 이 책을 읽는 동안 여러분도 눈이 보이지 않는 사람의 마음이 되어 그들이 어떻게 손끝으로 세상을 열어 가는지 느껴 보았으면 좋겠습니다.

장애인의 달 4월에
이미경

차례

이 책을 읽는 어린이에게 • 10

동균아, 여길 봐! • 18
여주 운암 분교 • 25
손끝으로 여는 세상 • 33
점자야, 노올자 • 39
섬 마을 소년 • 45
암자의 소나무처럼 늘 푸른 모습으로 • 50
제생원 맹아부 • 57
점자 수업 • 62
능숙한 목수는 굽은 나무라도 버리지 않는다 • 70
아내 김경내를 만나다 • 76
문틈으로 엿본 수업 시간 • 81
한글 점자 연구를 시작하다 • 85

조선어 점자 연구 위원회 • 92
훈맹정음, 마침내 세상의 빛을 보다 • 98
'육화사'와 점자 통신 교육 • 103
들판의 벼는 주인의 발자국 소리에 자라고 • 110
성서 점역을 시작하다 • 119
한국에 온 헬렌 켈러 • 127
〈촛불〉과 이상진 • 133
태극 대문 집에서 열린 맹인 잔치 • 141
점자 성서를 완성하다 • 149
늘 푸른 소나무가 되다 • 157
교동섬 달우물 마을을 찾아가다 • 162

 ## 동균아, 여길 봐!

"동균아, 아기 기저귀 좀 갖다줄래? 아기가 오줌 쌌나 봐."

"응, 엄마. 근데 기저귀가 어딨어?"

"바로 네 옆에 있잖아. 네가 트럭에다 잔뜩 쌓아 놓고도 모르니?"

여섯 살이 된 동균이에게 드디어 동생이 생겼어요. 예쁜 여동생이었어요. 막 백 일을 지난 아기는 포동포동 살이 오르고 방긋방긋 웃기도 해서 식구들의 사랑을 독차지하였어요.

동생을 유난히 예뻐하던 동균이가 지난 겨울부터 잘 먹지도 않고 머리가 아프다며 자주 드러누워서 걱정이 많아졌어요. 왜냐하면 동균이는 아주 어렸을 때부터 백혈병 치료를 받다가 지난 봄에야 겨우 힘든 치료를 끝냈으니까요.

그날도 여느 때처럼 나는 아기를 돌보느라 정신이 없었어요.

그런데 그날따라 동균이가 텔레비전을 바짝 다가가서 보는 거예요.

"눈 나빠지면 어떡하려고 그러니? 당장 뒤로 가서 봐."

나는 야단을 쳤죠.

가장 좋아하는 만화 영화가 끝나자 동균이는 즐겨 보던 그림책 《작은 집 이야기》를 집어 들었습니다. 조용한 시골 언덕 위에 자그마한 집이 그려진 그림책입니다.

그런데 동균이는 그림책을 펼치더니 바로 코앞에다 바짝

붙여서 들여다보는 것이 아니겠어요? 지하철, 트럭, 크레인 같은 온갖 자동차들이 나와서 동균이가 가장 좋아하는 장면인데, 바짝 대고 뚫어지게 들여다보는 모습이 아주 힘들어 보였어요. 나는 아기를 안고 있다가 가슴이 철렁 내려앉았습니다.

'이거 큰일 났구나. 혹시 동균이에게 무슨 이상이 생긴 건 아닐까?'

불안한 마음이 순간 머릿속을 스쳤어요. 예전에 동균이가 백혈병으로 입원했을 때, 뇌에 이상이 생겨 갑자기 눈이 보이지 않게 된 아이를 본 적이 있었거든요.

나는 깊은 숨을 몰아쉬며 마음을 가라앉혔어요. 그러고는 일어나 아이에게 벽에 걸린 커다란 달력을 가리켰어요. 17을 가리켰지만 동균이는 멀뚱멀뚱한 표정으로 나를 바라보았지요.

'아, 어쩌면 좋아? 이것도 안 보이나 봐.'

"동균아, 여길 봐. 그럼 이건 보이니?"

나는 큼지막하게 쓰인 2월을 가리켰어요. 동균이는 숫자

는커녕, 내가 손가락으로 가리키는 곳조차 제대로 쳐다보지 못하는 것이 아니겠어요? 사흘 전까지만 해도 도로를 달리는 자동차 번호판을 줄줄 읽던 아이가 며칠 사이에 이렇게 급작스레 시력이 나빠졌다는 사실이 도저히 믿기지 않았어요.

하지만 그 일은 어쩔 수 없는 현실로 우리 앞에 다가왔습니다. 1996년 2월 17일, 동균이가 여섯 살 되던 해, 강물이 풀려 곧 봄이 온다는 우수를 며칠 앞둔 날이었어요.

"백혈병이 중추 신경계에 재발했습니다. 정확한 원인은 알 수 없지만, 시신경에 이상이 생겨 눈이 나빠진 것은 분명합니다. 하지만 시신경은 한번 손상되면 되살리기가 어렵지요. 치료나 수술도 불가능하고……."

의사 선생님은 동균이 눈을 위해 뭔가 손쓸 방법이 없다는 것을 안타까워했습니다. 시신경은 눈으로 들어온 정보를 뇌로 전달해 주는 중요한 통로입니다. 시신경에 이상이 생긴 동균이는 시력이 크게 나빠진 것은 말할 것도 없고, 볼 수 있는 폭도 좁아져 눈동자를 위로 쳐들어야 겨우 가까운 곳에 초점을 맞출 수 있었어요.

멀쩡하던 아이 눈에 생긴 엄청난 장애를 슬퍼할 겨를도 없이, 우리 가족은 또다시 백혈병 치료를 시작할 수밖에 없었습니다. 장애는 목숨 다음가는 문제였으니까요.

그때 동균이 오른쪽 눈은 20~30센티미터 가까이에서 물체 겉모습 정도는 알아보았지만, 손가락이 몇 개인지는 셀 수 없었어요. 왼쪽 눈은 시력이 0.02였는데 동전만 한 글자만 알아볼 수 있는 정도였답니다. 그래서 동균이는 '시각 장애 1급' 진단을 받았지요.

밥 먹고, 옷 입고, 신발 신는 일에서 제 물건이나 장난감을 찾고 그림책 보는 일까지, 그 동안 동균이가 스스로 할 수 있던 많은 일이 이제는 다른 사람 도움 없이는 할 수 없게 되었어요. 집 안에서도 식탁 모서리에 부딪히거나 무언가에 걸려 넘어지는 일이 잦았지요. 놀이터에 나가 놀 수도 없고, 자전거를 타고 싶어도 위험한 장애물을 피할 수가 없어 동균이는 잠깐이라도 혼자 있을 수 없었습니다.

그때부터 우리 식구는 늘 아파트 1층에만 살게 되었지

요. 눈이 잘 보이지 않는 아이가 엘리베이터를 타고 오르내리는 일은 무척 위험하고 두려운 일이니까요. 다행히 동균이는 집 앞 소나무 가지 끝에 해마다 연둣빛 새순이 돋듯이, 다시 찾아온 병을 꿋꿋이 이겨 냈습니다. 또한 낯선 어둠에도 조금씩 익숙해졌습니다.

 여주 운암 분교

"얘들아, 오늘은 새 친구가 전학을 왔단다. 도시에서 학교를 다니다 여주로 이사 온 친구야. 눈이 아주 나쁘니까 우리가 많이 도와줘야겠구나."

"왜 눈이 나빠요? 텔레비전 많이 봐서 그렇죠?"

"그럼 안경 쓰면 되잖아요?"

아이들이 호기심 어린 눈빛으로 묻자, 2학년 담임선생님은 동균이가 왜 눈이 나빠졌는지를 자상하게 말해 주었어요. 아이들은 금세 고개를 끄덕였습니다.

　동균이 인사가 끝나기 무섭게 한 아이가 학교를 둘러보게 해 주겠다며 동균이 손을 잡아끌었어요. 그러자 나머지 일곱 명 아이들도 기다렸다는 듯이 앞 다투어 교실 문을 나섰지요. 아이들은 화장실이 어디 있는지, 급식실은 어떻게 가는지, 급식실 옆에 있는 토끼집에는 갓 태어난 새끼가 몇 마리나 되는지 알려 주느라 바빴어요. 친구들이 재잘거리는 소리를 들으며 손을 잡고 따라가는 동균이 얼굴에도 어느새 웃음이 번졌어요.

　여주군 북내면 중암리 운암 분교.

　학생이라고 해 봐야 모두 예순 남짓인, 조용한 시골 분교였어요. 동균이 같은 아이가 다른 아이들과 어울려 지내기에 참으로 편안하고 아담한 곳이었습니다. 앞으로도 쭉 치료를 받아야 하는 동균이 건강을 위해서도 공기 맑고 마음껏 뛰어놀 수 있는 시골이 훨씬 좋을 것 같았어요. 그래서 동균이 치료가 끝나자마자, 우리 식구는 동균이 이모가 살고 있는 경기도 여주로 이사를 갔습니다.

　지금도 그 작은 학교를 생각하면 그림처럼 아름다운 은행나무와 정겨운 아이들 얼굴이 하나 둘 떠오른답니다. 뭐니 뭐니 해도 잊을 수 없는 사건은 동균이가 전학 가서 처음 맞은 가을 운동회였습니다.

　노랗게 물들어 가는 은행나무 밑에 옹기종기 모여 앉은 동네 사람들 어깨마다 가을 햇살이 따뜻하게 번져 갔습니다. 만국기 펄럭이는 파란 하늘 아래, 부글부글 끓는 찌개에다 손수 농사지은 도라지를 무쳐 상을 차리면, 어느새 운동회는 아이들과 동네 강아지들까지 껑충대는 흥겨운 잔칫날이 되었지요.

　드디어 2학년 동균이네 반이 달리기를 할 차례가 되었습니다.

　바로 그때였어요. 느닷없이 머리칼이 치렁치렁한 누나 하나가 벌떡 일어나더니 동균이 손을 잡고 함께 운동장을 달려 주는 것이 아니겠어요? 아이들은 힘내라 응원하고,

 그 소리에 힘을 얻은 동균이가 뒤뚱거리며 결승점까지 안간힘을 다해 뛰었어요.
 가슴이 뭉클했어요. 예전 큰 학교에서는 동균이가 운동장을 달려 볼 기회조차 없었거든요.

태어나 처음으로 100미터를 끝까지 뛰어 본 동균이는 자신도 믿기지 않는지 콩콩 뛰면서 좋아했습니다. 그 모습이 정말 망아지 같아 보였어요.

작은 학교를 둘러싼 소나무 숲과 은행나무 그늘은 철 따라 아이들을 절로 자라게 하는 것 같았어요. 작은 학교는 아이들과 선생님이 서로 얼굴을 맞대고 만날 수 있는 좋은 곳이었습니다. 그곳에서 눈이 나쁜 동균이가 다른 아이들과 거리낌 없이 어울릴 수 있었던 것은 아이들을 하나하나 소중하게 대해 준 선생님들 덕분이었어요.

수업 시간에 필요한 자료나 교과서를 동균이가 보기 좋게 키워 주고, 모든 학년이 함께 하는 모둠 활동에 꼭 끼워 어울릴 수 있게 도와주었지요. 행복한 시간은 그렇게 빠르게 흘러갔어요.

하지만 학년이 올라갈수록 동균이의 학습 방법에는 어려움이 점점 더 많아졌습니다. 다행히 5학년이 되자 저시력 장애아를 위한 확대 교과서가 나왔어요. 막상 받아 보니,

동균이 시력으로는 보기가 어려워 돋보기를 쓰거나 한 번 더 확대를 해야 했어요. 게다가 왼쪽 눈에 책을 바짝 붙이고 한 자 한 자 읽어야 하니 느린 것도 문제지만, 몇 줄 읽지 못해 금세 눈이 피로해져 집중하기가 어려웠어요.

'이러다 그나마 남은 시력마저 더 나빠지면 어떻게 하나?'

하는 걱정이 앞섰습니다.

동균이를 도와줄 수 있는 재활 교육 기관을 알아보기로 했어요.

"여보, 아이에게 점자를 가르치려면 서울에 있는 '시각 장애 복지관'이나 '맹학교'를 가야 할 것 같은데, 어떻게 하면 좋을까요?"

"글쎄 말이오. 이런 시골 학교에 다니면서도 점자나 재활 교육을 받을 수 있다면 참 좋을 텐데……."

"시각 장애인이 편리하게 쓸 수 있는 컴퓨터 음성 프로그램_{글을 소리로 읽어 주는 프로그램}도 가르쳐야 할 것 같아요. 게다가 점자를 읽는 손끝 감각은 나이가 들수록 둔해진다니까 조금이라도 어릴 때 배워야지요."

고민 끝에 우리 식구는 동균이의 재활 교육을 위해 이사를 하기로 마음먹었습니다. 그곳은 인천에 있는 시각 장애 특수 학교인 '혜광 학교'였습니다.

동균이가 열세 살 되던 해 가을, 여주에서 보낸 3년 남짓한 날이 저물어 갔습니다.

 손끝으로 여는 세상

언젠가 텔레비전에서 어린이 프로그램을 볼 때였습니다. 이리저리 채널을 돌리다 우연히 미국 어린이 방송인 '세서미 스트리트'를 보았어요. 그때는 동균이 눈이 나빠지기 전이었지요. 그날 화면에 나타난 사람은 새까만 안경을 낀 뚱뚱한 아줌마였어요. 늘 예쁘고 날씬하고 젊은 여성들만 나오는 우리 나라 방송과는 참 다르구나 하며 호기심이 생겼지요.

그 나이 든 여성은 시각 장애인이었어요. 그분 의자 옆에는 흰 지팡이가 놓여 있었고요. 아줌마는 무릎 앞에 옹기종기 모여 앉은 갖가지 피부색의 아이들에게 동화책을 읽어 주고 있었지요. 자세히 보니 무릎 위에 놓인 책은 점자로 된 동화책이었어요. 점자 동화책 위에서 아줌마는 손길을 쉴 새 없이 빠르게 움직였어요. 그 손길만큼이나 빠르게 아이들은 이야기 속으로 빨려 들어갔지요.

무슨 이야기인지는 알 수 없었지만 그 낯선 장면은 오랫동안 내 마음속에 남아 있었어요. 편안하고 다정한 목소리로 아이들에게 책을 읽어 주는 아줌마의 표정은 평화로웠어요. 귀를 쫑긋하며 이야기를 듣는 아이들 표정도 천진난만했고요.

'아, 바로 저거구나. 장애인과 함께 사는 세상이 된다는 것은. 아주 자연스럽게 어려서부터 우리 곁에서, 점자로 된 동화책을 읽어 주는 동네 아줌마, 아저씨, 또는 친구로 서로 만나야 하는 거구나. 그렇지, 장애인이 특별하거나 신기한 사람이 아니라, 단지 다른 도구나 도움이 필요한

사람으로 느끼며 자라야 하는구나.'

그날의 기억이 오래도록 지워지지 않고 남아 있던 것은, 바로 우리 아이에게 점자를 통해 손끝으로 세상과 만나야 할 날이 기다리고 있었기 때문인지도 몰라요.

마침내 점자를 배우기 위해 혜광 학교로 가면서 나는 동균이 앞에 다가올 미래를 떠올리며 혼자 슬며시 웃었답니다. 머릿속에 그려진 그림이란 바로 이런 거였지요.

언젠가 우리 동균이가 자라 어른이 되고, 사랑하는 사람을 만나 결혼하고, 드디어 아이를 낳게 된다면, 깜깜한 밤 아이의 침대 머리맡에서 조곤조곤한 목소리로 동화책을 읽어 주는 자상한 아빠가 되는 그런 꿈 말이에요.

이 이야기는 미국에 사는 시각 장애인 강영우 박사의 아들이 어린 시절을 떠올리며 쓴 글에서 본 것이에요.

집 안에 불이 모두 꺼진 깜깜한 밤, 그런 어둠 속에서도 우리 아버지는 재미있는 동화책을 읽어 줄 수 있는 대단한 눈을 가진 분이었다고, 그래서 우리는 깜깜한 밤에 아버지가 읽어 주는 그 숱한 이야기를 들으며 행복한 꿈을 키울 수 있었다고…….

인천 혜광 학교.

유치부에서 고등학교까지 100명 남짓한 아이들이 다니는 아담한 학교입니다.

선생님 안내를 받으며 교실을 둘러보니, 왼손으로 두툼한 점자책을 능숙하게 읽으면서 오른손으로 점자를 찍는 아이도 있고, 교과서를 확대해 주는 확대 모니터에 바짝 눈을 붙이고 보는 아이도 있었어요.

확대 교과서에다 큰 글씨로 수학 문제를 푸는 아이, 눈을 바짝 붙이고 일반 교과서를 읽는 아이……. 저마다 자기 시력에 맞는 방법으로 공부하고 있었습니다.

이윽고 선생님이 동균이를 보며 말했습니다.

"동균이에게 당장은 확대기가 손쉬워 보일 겁니다. 자기에게 맞는 큰 글씨로 배율을 조절하면 되니까요. 하지만 먼 앞날을 보면, 점자를 배우는 것이 훨씬 나을 겁니다. 어

린 나이가 아니라서 처음 배우기는 무척 힘들 거예요. 하지만 숙달되기만 하면 매우 효율적인 게 점자지요."

그때였어요. 복도 저 끝에서,

"탁 타닥, 탁 탁……"

하는 금속음이 들려왔어요. 앞이 전혀 보이지 않는 학생들이 녹음 테이프 소리에 맞춰 점자 타자기를 치는 소리였습니다. 타자기를 치는 빠른 손놀림에 나는 그만 눈이 휘둥그레지고 말았어요.

"참 놀라운데요, 선생님?"

"다음 주에 점자 타자 대회가 있어 그걸 준비하는 아이들이랍니다."

어떻게 저런 속도로 점자를 칠 수 있는지 그저 놀라울 따름이었습니다.

담임선생님을 만나고 돌아온 날, 우리는 동균이가 열어 갈 새로운 점자 세계에 호기심 반, 기대 반으로 마음이 들떴습니다.

 **점자야**, 노올자

"ㄱ은 4점, ㄴ은 1.4점, ㄷ은 2.4점……. 아는 1.2.6점, 야는 3.4.5점, 어는 2.3.4점……."

"동균아, ㅎ은 몇 점이지?"

"1.4.5점."

"아냐, 그건 ㅍ이잖아."

"아참, 헷갈렸어요. ㅎ은 2.4.5점이었죠?"

아침마다 학교 가는 차 안에서 동균이와 점자 기호 자음

과 모음을 외우며 하루를 시작했어요. 점자를 배우려고 맹학교에 오긴 했지만, 벌써 점자가 손에 익은 아이들 틈에서 동균이처럼 뒤늦게 전학 온 아이를 위해 기초를 가르치는 반은 따로 없었어요. 그래서 동균이는 날마다 선생님이 내 주는 숙제를 집에서 나와 함께 익혀야 했지요. 나도 식탁 앞에다 점자표를 붙여 놓고 날마다 아이와 함께 공부할 수밖에 없었어요.

처음에는 도무지 외울 엄두가 나지 않던 점자가, 조금씩 알아 가니 신기하기도 하고 재미도 있었어요. 겨우 여섯 개밖에 되지 않는 점으로 한글, 외국어, 숫자에다 기호나 문장 부호까지 다 나타낼 수 있다는 게 놀라웠어요.

그러나 항암제와 방사선 치료 후유증으로 보통 사람보다 더 감각이 무뎌진 동균이 손끝으로는 작고 섬세한 점자를 찍고 읽는 것이 무척 힘들었어요. 무엇보다 점자를 읽는 데는 집중력과 예민한 손끝 감각이 필요했거든요. 맹학교에 가기만 하면 점자를 능숙하게 읽게 될 거라고 믿은 우리는 막상 점자 읽기에 들어가자 어려운 고비를 맞게 되었어요.

그러던 어느 날이었어요.

담임선생님과 잠깐 이야기를 나누다 선생님 책꽂이에 꽂혀 있는 책 한 권이 눈에 띄었습니다.

《박정희 할머니의 육아 일기》

"이게, 무슨 책이죠?"

"아, 이 책이요? 2층으로 올라가다 보면 복도에 걸린 그림 있죠? 그걸 그린 할머님이 쓰신 육아 일기예요. 일제 강점기를 거쳐 한국 전쟁을 겪으면서 다섯 남매를 낳아 기른 이야기를 그림 일기로 남기신 거예요. 할머님은 지금도 화평동에 살고 계시지요."

집으로 돌아오기가 바쁘게 할머니의 육아 일기 속으로 빨려 들기 시작했습니다. 그런데 어린 딸에게 식구를 소개하는 대목을 읽다가 그만 눈이 번쩍 띄었어요.

외할아버지. 엄마를 길러 주신 너의 외할아버지 성함은 박두성 씨라 여쭙고, 경기도 교동이라는 섬에서 나시어 한성 사범학교에서 공부하시고 평생을 맹인 교육계에서 일하셨다. 그분은 맹인 한글 점자 창안자셨고 전 생애를 맹인들에게 성경과 찬송가, 그리고 수많은 읽을거리를 손수 만들어 읽게 하신 놀라운 맹인 교육자셨다.

'한글 점자를 만드신 분이 박정희 할머니의 아버지라니……'

순간 머릿속에는 난생 처음 들어 본 '박두성'이라는 이름 석 자가 또렷하게 새겨졌어요. 육아 일기장의 빛바랜 사진 속 얼굴이 마치 나를 바라보고 있는 듯한 착각이 들기도 했습니다.

'그래, 우선 점자 도서관에서 박두성 선생님에 관한 녹음 도서를 빌려야겠어. 그리고 '송암 박두성 기념관'에도 가 보고……. 박정희 할머니를 만나서 아버지 이야기를 직접 들어 볼 수만 있다면 좋겠는데.'

그 날부터 나는 아침저녁으로 아이를 태운 차 안에서 박두성 선생님 이야기를 녹음 테이프로 만날 수 있었어요.

그렇게 어려워만 보이던 점자가 어느 틈엔가 우리 앞에 또 다른 모습으로 비치기 시작했답니다. 테이프에서 흘러나오는 목소리를 따라 내 마음은 어느새 박두성 선생님이 태어난 섬, 교동으로 달려가고 있었어요.

 **섬 마을 소년**

 강화도에서 배를 타고 서쪽으로 가다 보면, 휴전선을 사이에 두고 황해도가 바라다보이는 곳에 교동이라는 섬이 있습니다. 자그마한 섬이지만 옛날부터 서해 바닷길로 가는 중요한 길목이어서 역사가 깊고 문화가 풍부한 곳이랍니다.

 예성강과 임진강 그리고 한강, 세 물줄기가 만나 망망한 서해 바다로 흘러 들어가는 길목에 있는 바로 그 섬에 달우물 마을이 있었어요. 1888년 고종 25년, 화개산에 봄기운이 무르익기 시작하는 4월 어느 날, 박두성은 달우물 마을 가난한 농부의 맏아들로 태어났습니다.

태어나자마자 아버지가 '두현'이라는 이름을 지어 주었지만, 잘못 적는 바람에 '두성'*북두칠성이라는 뜻* 이라는 이름을 갖게 되었어요. 하지만 앞으로 이어질 박두성의 삶이 시각 장애인들에게는 북두칠성처럼 빛나는 별이 되리라는 것을 안 사람은 아무도 없었습니다.

멀리 보이는 화개산이 요 며칠 사이에 유난히 고운 연둣빛으로 그려 놓은 듯했습니다. 새벽같이 일어나 바쁜 부모님을 도와 드린 두성은 어린 두 동생과 함께 서둘러 사립문을 나섰습니다. 서당에 가 글공부를 할 참이었지요.

"두성아, 우리 집이 비록 지금은 사느라 힘이 들지만 대대로 글을 읽는 선비 집안이란다. 일이 고되더라도 글공부를 게을리 해서는 안 되느니라."

"아버지, 걱정 마세요. 저는 날마다 배우는 것이 재미있

는걸요. 그리고 뒷밭에 거름 주는 일은 제가 이따가 와서 할 테니 놔두시고요."

아버지는, 나이 어리지만 동생들을 잘 보살피는 속 깊은 맏아들 두성이 여간 미덥지 않았습니다.

오늘도 두성은 동생들과 서당으로 가는 길에 오래된 향

교 앞을 지났습니다.

　요즘 들어 부쩍 나라 걱정을 많이 하는 훈장님과 아버지 말씀을 들을 때마다 어린 두성의 마음에도 뭔지 모를 답답함이 생겼습니다. 나라 안으로는, 새로운 시대를 대비할 힘도 없고 일본에 맞설 힘도 없는 나라를 지키려고 백성들이 항일 의병을 일으키고 있었어요.

　나라 밖으로는, 청일 전쟁에서 이긴 일본이 개혁을 핑계로 우리나라를 통째로 삼키려고 하던 때입니다.

　두성은 서당에서 배우는 〈천자문〉과 〈동몽선습〉 같은 옛 글도 재미있지만, 이따금 집안 어른들에게서 전해 들은 토마스 선교사 이야기가 머릿속에 그림처럼 떠올랐습니다. 영국 선교사이던 토마스는 배를 타고 한양으로 가던 길에 난데없는 폭풍우를 만났습니다. 그때 가까스로 닿은 섬이 교동이었고, 토마스 선교사를 도와준 인연으로 두성의 집안은 기독교를 받아들였다고 합니다.

　집으로 돌아오는 길에 두성은 따뜻한 봄기운에 이끌려

모처럼 화개산에 올라갔습니다. 그곳에서 바다를 내려다보면 마음이 탁 트여 가슴까지 시원했거든요. 산꼭대기에 올라 아래를 굽어보니 잔잔한 봄 바다 저편에 아기자기한 섬들이 겹겹이 보였습니다.

"야, 바다다. 저기가 우리 달우물 마을이고, 저건 석모도, 저긴 강화도……."

두성은 섬 이름을 하나하나 불러 보았습니다.

'아, 나도 저 바다 너머 뭍으로 나가 넓은 세상을 한번 봤으면…….'

살랑거리는 바람을 타고 온 비릿한 개펄 냄새가 벌써 두성의 마음을 바다 건너 저편으로 이끌고 있었습니다.

 ## 암자의 소나무처럼
늘 푸른 모습으로

"이동휘 선생이 강화도에 학교를 세웠다는구려."

어느 날 저녁, 강화 장에 다녀온 두성의 아버지가 부인에게 넌지시 말을 꺼냈습니다.

"이동휘라면 강화 진위 대장이란 분 아니에요? 그분이 학교를 세웠다고요?"

"서당에서 하는 한문 말고 신학문을 가르치는 학교라는군. 우리 애들을 거기 보냈으면 하는데, 당신 생각은 어떻소? 세상이 이렇게 나날이 달라지는데 언제까지 공자 왈 맹자 왈만 하며 살 순 없지 않겠소?"

이동휘 선생은 육군 무관학교를 졸업하고 개화당을 만든 다음 앞장서 독립운동을 한 분입니다. 그는 나라 힘을 키우는 가장 중요한 길은 백성이 눈을 뜨게 하는 교육에 있다고 생각했어요. 이동휘 선생이 세운 보창학교는 강화군에 분교가 여럿 생겨날 정도로 알려졌답니다.

두성은 어린 동생과 함께 보창학교 기숙사에 살면서 새로운 세상을 만나게 되었어요. 보창학교는 확실히 서당과는 많은 것이 달랐어요. 머리를 짧게 자른 젊은 선생님들이 가르치는 신식 공부는 서당보다 훨씬 더 강하게 두성의 마음을 사로잡았습니다.

보창학교를 졸업하고 다시 고향에 돌아와 농사일을 돕게 된 두성은 어느덧 열네 살이 되었습니다. 그 해 온 나라에는 심한 가뭄이 닥쳐 이제껏 없던 무서운 흉년이 들었어요. 가난한 농사꾼 집안에서 열 명도 넘는 식구를 먹여 살리는 것은 힘든 일이었습니다.

어느 날 밤이었습니다.

두성은 더는 작은 섬 마을에 가만히 머물러 있을 수가 없었어요.

'일본으로 가는 배를 타자. 일단 일본에 가기만 하면 무언가 일자리를 얻을 수 있을 거야. 그렇게만 된다면 내가 하고 싶은 공부도 맘껏 해 볼 수 있겠지.'

이렇게 마음을 먹은 두성은 몰래 인천항으로 나가 일본으로 가는 배에 몸을 실었습니다. 두성은 오사카에 다다른 뒤 한 달 동안 일본인 가게에서 점원 노릇을 하며 일본 말도 제법 알아들을 수 있게 되었어요.

그런데 일본에서 심한 눈병에 걸렸습니다. 눈병을 앓은 데다 여덟이나 되는 동생들과 고생하는 부모님 걱정이 늘 앞섰습니다. 그래서, 눈병을 핑계로 인천항으로 돌아오고 말았습니다. 어린 나이에 남다른 고생을 겪은 그는 이즈음 세례를 받고 평생 동안 기독교 신앙을 갖게 됩니다.

두성이 다시 집으로 돌아오자, 이동휘 선생은 총명한 두성이 자칫 배움의 기회를 놓칠까 봐 걱정이 되었습니다.

"자네, 한성 사범학교에서 다시 공부를 해 보는 게 어떻겠나? 우리 민족의 장래는 뭐니 뭐니 해도 백성이 눈을 뜨게 하는 교육에 있네. 게다가 졸업하고 나서 교사가 될 수 있으니, 직업으로 생각해 봐도 좋을 걸세."

그때 이미 혼인을 하여 아내와 자녀가 있던 두성은 이렇게 하여 다시 공부를 하였습니다. 한성 사범학교를 졸업한 두성은 어의동 보통학교*지금의 효재 초등학교에서 교사로 첫발을 내딛게 됩니다.

한일 병합으로 나라를 빼앗긴 지 한 해가 지났습니다.

어두컴컴한 구름이 몰려와 하늘을 뒤덮더니 금세 희끗희끗한 눈발을 흩뿌리기 시작했습니다. 막 저녁상을 물린 박두성의 집 대문을 누군가 다급하게 두드리는 소리가 들렸습니다.

"뉘시오?"

"음, 날세. 성재일세."

성재는 이동휘 선생의 호였습니다.

'얼마 전 안창호 선생님과 함께 신민회를 조직하셨다가 데라우치 총독 암살 사건으로 옥고를 치르셨다는 소식을 들었는데……. 무슨 급한 일이실까?'

박두성은 서둘러 대문을 열었습니다.

"아니, 선생님께서 이 시간에 어쩐 일이십니까?"

"시간이 없으니 꼭 해야 할 얘기만 하고 나는 떠나야 하네."

무엇엔가 쫓기는 듯한 선생의 낯빛을 보고 박두성은 심상치 않은 분위기를 느꼈습니다.

"자네도 알다시피 일본은 이제 갖은 음모로 우리의 독립 운동을 탄압하고 있네. 이 땅에서는 무엇 하나 제대로 뜻을 펼치기가 힘들어졌지. 그래서 말인데 자네, 나와 함께 만주 땅으로 떠나지 않겠나?"

잠시 생각에 잠겨 있던 박두성은 침착한 목소리로 말했습니다.

"선생님, 행동으로 맞서는 것도 중요하지만 안으로 실력을 키우는 것도 필요하다고 생각합니다. 송구하지만 저는

이 땅에 남아 가르치는 일에 힘을 쏟겠습니다."

어려서부터 올곧은 박두성의 성품을 아끼던 이동휘 선생은 아쉬운 마음을 감추며 박두성에게 마지막 선물을 남겼습니다.

"암자의 소나무처럼 푸른 절개를 굽히지 말라고 자네에게 '송암'이라는 호를 주고 싶네. 부디 남들이 하지 않는 일에 평생을 바치게."

어느새 굵은 함박눈이 휘몰아치는 밤길에서 두 사람은 묵묵히 서로의 손을 굳게 잡았습니다.

 ## 제생원 맹아부

　서울 서대문 밖 천연동 98번지. 거기에는 '조선 총독부 제생원 맹아부' 라고 쓰인 큼직한 간판이 붙어 있었습니다. 붉은 기둥이 서 있는 큰 대문을 들어서면 양쪽에 문지기가 사는 방이 있고, 그 옆으로 제법 넓은 방들이 죽 늘어선 사택이 보였습니다.

　뜰 가운데 돌로 쌓은 축대 위에는 나무로 지은 학교 건물이 자리 잡고 있었고, 그 앞 돌계단에는 모처럼 따뜻한 햇

볕을 쬐러 밖으로 나온 맹인 학생들이 옹기종기 모여 있었습니다. 이상한 빛깔로 바뀌어 버린 눈동자를 이리저리 굴리며 다른 사람들의 눈길은 아랑곳 않고 콧구멍을 후비는 아이, 눈꺼풀은 굳게 닫힌 채 노인처럼 등이 구부러진 아이, 더러운 옷을 입고 머리도 빗지 않은 채 잔뜩 얼굴을 찡그리며 볕을 쬐던 아이들이 조금이라도 더 햇살을 받으려고 자리다툼을 하고 있었습니다.

'아니, 이렇게 비참할 데가 있을까. 저것이 과연 사람 사는 모습이란 말인가?'

제생원 맹아부에 발령을 받고 처음 교문에 들어선 박두성은 자신의 눈앞에 보이는 학생들 모습에 큰 충격을 받았습니다.

'도대체 앞을 보지 못하는 저 아이들을 내가 어떻게 가르칠 수 있을까? 눈을 뜨고도 이렇게 살기 힘든 세상을 저 아이들은 앞으로 어떻게 살아가야 하나?'

제생원 맹아부에서 받은 첫 충격은 스물여섯 살 박두성의 인생을 송두리째 바꾸어 놓고 말았습니다.

1913년 일본은 우리 나라 사람들을 달래기 위한 정책으로, 버려진 아이들을 거둬들이는 '양육부'와 눈이 멀고 귀가 먼 아이들을 가르치는 '제생원'을 세웠습니다.

  그 해 1월 6일, 박두성은 눈 먼 아이들 열여섯과 귀가 먼 아이들 열한 명으로 이루어진 맹아부에 발령을 받았습니다. 일본 관리들이 보기에도 박두성은 교사 경험도 풍부하고 신앙심도 깊어 장애아 교육에 어울리는 사람으로 보였어요.

  그때 제생원 원장은 총독부 관리인 일본 사람이었고, 안마와 침술을 맡은 교사도 일본 사람이었습니다. 우리 나라 교사는 박두성뿐이었지요.

  제생원에서 장애아 교육이 시작될 그 무렵, 사람들이 장애인을 보는 눈은 몹시 비뚤어져 있었습니다. 어쩌다 집안에 장애아가 태어나면 부모나 조상의 죄 탓이라고 생각해서, 혹 눈먼 사람이 자기 집 앞을 지나가기만 해도 재수 없다며 물바가지를 뒤집어씌우는 일이 허다했어요. 장애를 가진 아이가 태어나면 남 몰래 갖다 버리거나 사람들 눈을 피해 집 안 깊숙이 숨겨 기르는 일이 많았습니다.

이런 마당에 제생원이라는 학교가 생겨서 보지 못하고 듣지 못하는 아이들을 모아 가르친다고 하니까,

"일본 사람들이 귀머거리와 장님 아이들을 모아다가 죽여 버린다더라."

하는 어이없는 소문이 떠돌기도 했답니다.

제생원 아이들을 보고 온 날, 박두성은 잠을 이룰 수가 없었습니다.

'볼 수 있는 사람이라면 남이 하는 행동을 보고 자기 잘못을 고치기도 하고, 교사를 보고 따라 할 수도 있지. 하지만 남의 모습을 보지 못하는 이 아이들은 도대체 어떤 방법으로 가르칠 수 있을까?'

박두성은 눈먼 아이들을 가르칠 수 있는 좋은 방법을 떠올리느라 골똘히 생각에 잠겼습니다. 어느새 하얀 성에가 낀 유리창이 부옇게 밝아 왔습니다. 기도로 밤을 새운 박두성의 두 손에 아침 햇살이 비쳤습니다.

점자수업

　눈먼 아이들의 무심한 눈길에도 아랑곳없이, 맹아부 교실 창 밖에는 샛노란 개나리가 한창입니다. '국어', 그러니까 일본어를 가르치는 첫 시간이었습니다. 박두성이 제생원에 부임한 첫날, 일본인 교사는 박두성에게 점자판이라는 것을 보여 주었습니다.
　"이게 바로 일본에서 맹인들이 글을 쓰고 읽는 점자판이란 겁니다. 작은 네모 구멍 속에 여섯 개씩 점을 찍을 수 있게 하였으니, 우선 이 설명서를 보고 학생들을 지도해 보시오."

'그래, 바로 이거로구나!'

난생 처음 점자판이라는 것을 본 순간 박두성의 머릿속에는 희망의 빛이 보이는 듯했어요.

'맞아, 이 방법을 쓰면 되겠어. 사람이 가진 두 손이야말로 눈먼 아이들이 점자를 배우는 데 없어서는 안 될 소중한 것이구나. 앞으로 손 감각을 키워 가르쳐 보자.'

서둘러 교실로 들어간 박두성은 무표정하게 앉아 있는 학생들을 보며 말했습니다.

"얘들아, 손을 쫙 펴서 책상 위에 올려 보아라."

"왜요, 선생님? 맛있는 것 주시려고요?"

"자, 이제부터 내 말 잘 들어야 한다. 너희 엄지손가락을 집게손가락 맨 첫 마디에 놓고 그곳을 1점이라고 생각하자. 그리고 그 아래 마디는 2점, 맨 아래 끝 마디는 3점이라고 생각해 보자."

그러고는 한 사람 한 사람 손을 잡아 세 점의 자리를 하나하나 알려 주었습니다.

"자, 됐니? 그럼 지금부터 내가 '1점'이라고 하면 너희는 엄지를 1점 자리에 갖다 놓아야 한다. 알겠니? 자, 그럼 시작해 보자. 1점, 2점, 3점."

박두성의 지시에 따라 학생들은 저마다 엄지손가락으로 각 점의 자리를 짚었습니다. 박두성은 같은 방법으로 나머지 4점, 5점, 6점의 자리도 가르쳤습니다.

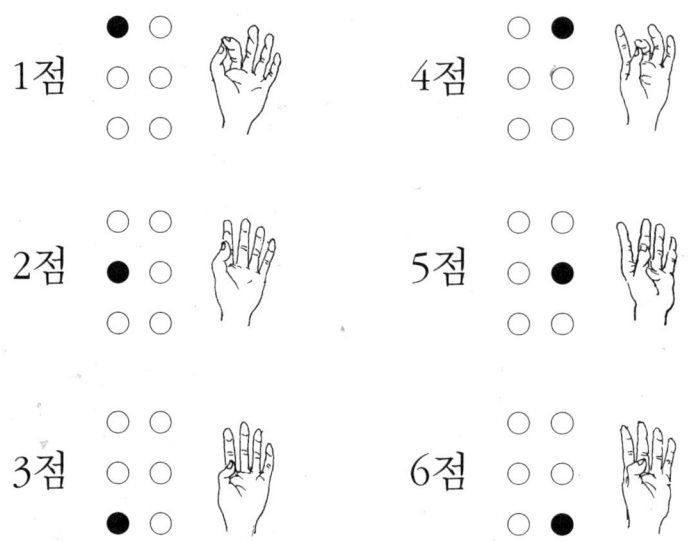

눈으로 보면 금방 알 수 있는 것이지만, 보이지 않는 학생들에게는 여섯 점의 자리를 하나하나 손가락 마디를 짚어 가며 알려 줘야 했어요. 이 방법으로 학생들이 쉽게 깨닫자 박두성은 몹시 기뻤습니다.

"그럼 이제 점의 자리를 알았으니 직접 점자판에다 찍어 보자꾸나. 지금 너희 앞에 나누어 준 것이 바로 점자판이란다. 잘 만져 보렴."

"선생님, 창문처럼 네모난 구멍이 줄지어 있네요."

"그래, 바로 그 구멍 속에 너희들이 방금 배운 여섯 점 자리가 들어 있단다. 이 송곳 모양의 뾰족한 점필로 점을 누르면 종이 뒷면에 오톨도톨한 좁쌀 모양의 점이 튀어나오고, 찍은 종이를 뒤집으면 점자를 읽을 수 있지."

이제껏 무덤덤해 보이던 아이들 얼굴에 비로소 새로운 것을 알았다는 기쁨이 번졌어요.

"자, 서두르지 말고 천천히 해 보자. 마음을 느긋하게 먹고 차근차근 연습하면 된단다."

점을 찍을 때마다 기분 좋게 나는 '사빡, 사빡' 소리에

반해 학생들은 열심히 점자를 찍기 시작했어요. 박두성도 막막하게만 여겨지던 수업에 점점 자신감이 생겼습니다.

'눈먼 이들에게는 작은 것 하나라도 놓치지 않고 자세히 설명해 줘야겠어. 보지 못하니 직접 손으로 모든 걸 만져 보는 촉각 교육이 최고로군.'

이렇게 박두성은 스스로 맹인 교육에 좋은 방법을 알아 냈어요. 그래서 틈틈이 아이들과 함께 창경원*일제가 창경궁 터에 만든 동물원을 찾아 생생한 체험을 했어요.

제생원 학생들이 배우는 과목은 수신*도덕, 국어*일본어, 조선어*우리 말, 산술*수학, 음악, 침구와 안마, 체조 들이었습니다. 하지만 학생들을 가르칠 교재는 아무것도 없었어요. 아무리 보지 못하는 학생들이라지만 교과서도 없이 앵무새처럼 말로만 떠들며 가르치기에는 어려움이 많았습니다.

박두성은 일본어로 된 것이더라도 점자 교과서가 꼭 필요하다고 생각했습니다. 그래서 점자 인쇄기를 보내 달라고 요구했습니다. 일본에서 점자 인쇄기가 들어오자 박두성은 밤낮을 쉬지 않고 점자책을 찍어 냈습니다. 열흘 뒤,

비록 일본어로 된 것이긴 하지만, 앞 못 보는 학생들을 위한 점자 교과서가 우리 나라에서 처음으로 나왔습니다.

수업을 알리는 종이 울렸습니다. 박두성은 자신이 만든 두툼한 해부학 점자 교과서를 들고 교실 문을 열었습니다. 처음과는 딴판으로 단정하게 앉아 강의를 기다리고 있는 학생들을 보자 박두성은 가슴이 뿌듯해졌습니다. 요즘 들어 점자 교과서를 읽어 가며 인체 모형을 직접 만져 본 학생들이 공부하는 재미를 붙여 가고 있었으니까요.

하지만 안마와 침술에 필요한 해부학, 생리학, 침술 수업은 언제나 일본 맹인 교사와 함께 들어가서 그 사람이 하는 일본 말을 하나하나 우리 말로 옮겨야만 했어요. 그럴 때마다 박두성의 마음은 답답하고 안타까웠습니다.

'눈도 보이지 않는 아이들에게 남의 나라 말로 된 공부를 가르쳐야 하다니……. 우리의 말과 글을 담을 수 있는 조선어 점자가 있다면 얼마나 좋을까?'

답답한 박두성의 마음을 아는지 모르는지, 안마와 침술

을 배우고 나면 자신들도 직업을 가질 수 있다는 희망에 부풀어 학생들의 표정은 사뭇 진지했습니다. 한 사람 한 사람, 학생들 얼굴을 둘러보던 박두성의 마음속에는 우리말 점자에 대한 사명감이 종소리의 긴 여운처럼 울려 퍼졌습니다.

능숙한 목수는
굽은 나무도 버리지 않는다

제생원 뒤편 인왕산 자락은 방금 내린 소나기로 말갛게 씻겼습니다. 여름 방학을 앞두고 몇몇 교사들이 둘러앉아 이야기를 나누고 있었습니다.

"박 선생, 이번 방학에도 전국 곳곳을 돌며 맹생(시각 장애아)들을 모으러 다닐 테요?"

"그래야지요. 이번에는 충청도와 경상도 지방을 다녀올 생각입니다."

"여보, 박 선생! 당신은 총독부 제생원 관리요. 학생이야 모집이 되든 안 되든, 월급은 탈 수 있지 않겠소? 그 쓸모없는 장님들 오면 다행이고 안 오면 그만이지, 뭐 그리 야단이오?"

일본인 관리가 하는 소리에 박두성은 몹시 마음이 상했어요. 박두성은 자신의 생각을 굽히지 않고 이렇게 말하였습니다.

"눈, 코, 귀, 입 다 갖춘 멀쩡한 사람들을 제아무리 잘 가르친다고 해도 맹인 교육을 나 몰라라 한다면, 그것은 우리 문화를 거꾸로 돌리는 일이 되고 맙니다. '능숙한 목수는 아무리 굽은 나무라도 버리지 않는다.'고 했는데, 여러분이 진심으로 조선 맹인들이 잘살기를 바란다면 그 마음부터 고쳐야겠습니다."

이렇게 말한 뒤 박두성은 이번 여행에서 찾아갈 마을을 꼼꼼히 살펴보았습니다.

드디어 방학이 되자 박두성은 자전거를 기차에 싣고 전

국을 돌아다녔습니다.

　소문을 듣고 물어물어 찾아간 곳에 맹인 몇 사람이 살고 있었습니다. 자전거를 타고 온 낯선 박두성을 보자 사람들이 하나 둘 모여들기 시작했어요.

　"저는 서울에서 맹인들을 가르치는 선생입니다. 눈이 보이지 않더라도 공부는 해야 합니다. 이제 이 아이에게도 공부할 길이 생겼으니, 서울 신교동 1번지에 있는 제생원으로 보내세요. 아무것도 필요 없어요. 갈아입을 옷만 챙겨 보내면 됩니다."

　박두성은 간곡하게 앞 못 보는 아이의 부모를 설득했습니다.

　"아니, 앞을 못 보는 사람이 공부라니? 원, 당치도 않은 소리지. 더구나 시골에서 귀동냥으로 점이라도 쳐 주면 입에 풀칠은 할 수 있는데, 누굴 꾀는 게야?"

　"아닙니다. 볼 수 없어도 글도 배우고 책도 읽을 수 있습니다. 점을 치더라도 제대로 공부해서 경을 읽어 주게 되면 얼마나 점잖은 대접을 받겠습니까? 배우기만 하면 우리

맹인도 얼마든지 살길이 있답니다."

　이렇게 운동화 끈을 졸라매고 시골 길을 돌아다니다 보면, 박두성의 발바닥에는 어느덧 콩알만 한 물집이 잡히기 일쑤였습니다. 그러나 박두성은 구부러져 버림받은 나무를 찾아 아무리 먼 길이라도 마다하지 않았습니다.

　박두성이 애써 모은 학생들은 초등과 3년이나 속성과 1년의 교육을 받으면 졸업과 더불어 침을 놓고 안마를 할 수 있는 면허증을 받을 수 있었어요. 눈먼 아이들도 어엿한 직업을 가질 수 있게 된 것이지요. 스스로 생활을 꾸려 가는 것은 말할 것도 없고, 가난한 소작농 아버지에게 땅을 사 주는 일도 있었습니다.

　졸업식을 마친 어느 날, 박두성은 안마와 침구 수업 시간을 더 늘려야 한다고 주장했습니다. 이 말을 들은 일본인 교사들이 코웃음을 쳤어요.

　"볼 수 있는 사람도 살기 어려운 마당에 그 장님들이 직업 교육을 받는다고 얼마나 자립할 수 있을 것 같소? 그저 일본 말이나 가르치고 일본 문물이나 귀띔해 주면 그만이지."

제생원 원장의 말에 두성은 차근차근 보기를 들어 가며 설명했어요.

"모르는 말씀입니다. 자, 만약 맹인 한 사람이 하루에 쌀 세 홉씩을 먹는다고 합시다. 그러면 한 해에 한 섬이 필요합니다. 9천 명을 먹여 살리려면 한 해에 쌀 9천 섬이 있어야 합니다. 그런데 만일 이들이 제대로 된 교육을 받아 직업이 있다면, 스스로 살아갈 수 있으니 먹여 살릴 필요가 없어집니다. 그렇다면 나라 경제에도 큰 도움이 되지 않겠습니까? 직업 교육은 마땅히 모든 교과 가운데에서도 핵심이 되어야지요."

조선인 교사임에도 총독부 고등관인 원장 앞에서 자기주장을 당당히 말할 수 있었던 것은 박두성이 맹인들의 직업 교육에 특별한 뜻을 품고 있었기 때문이었어요.

 ## 아내 김경내를 만나다

일요일 아침이었습니다.

    열네 살에 세례를 받은 뒤로 박두성은 주일 아침이면 늘 가족과 함께 정동교회로 갔습니다. 이른 나이에 집안 어른 소개로 결혼을 한 박두성에게는 네 남매가 있었습니다. 고향인 교동 식구들은 박두성이 교사가 되어 집안의 든든한 기둥이 된 것을 자랑스러워하고 있었어요. 그런데 박두성이 제생원 맹인들을 가르치면서부터 그만 사람이 이상해지고 말았다는 소문이 돌았습니다.

"박두성 그 사람, 영 못쓰게 되어 버렸다는구먼."

"글쎄 말이야. 어려서는 신동이라는 소리를 듣던 사람이 어쩌다 저리 되었는지 몰라."

"장님들 가르치는 학교에 가서 만날 그 이상한 기계 앞에서 밤을 샌다더니, 얼마 전엔 부인까지 집을 나가고 말았대. 쯧쯧."

사람들이 수군거리는 소리에도 아랑곳하지 않고 교회 문을 들어선 박두성은 마음이 평화로워지는 것을 느꼈습니다. 은은한 오르간 소리에 맞춰 성가대의 노랫소리가 곱게 울려 퍼졌습니다.

성가대 맨 앞줄에 앉아 단아한 모습으로 노래를 부르는 한 여성이 박두성 눈에 띄었습니다. 서울 협성 신학교를 졸업하고 가사 선생님으로 일하는 김경내라는 아가씨였습니다. 어느 날 정동교회 전도사로 있던 김경내의 오빠가 김경내에게 말했어요.

"경내야, 내가 보니 박두성 그 사람, 보통 사람이 아닌

것 같구나. 비록 가난한 집안 맏이에다 아이 넷 딸린 홀아비지만, 반드시 큰일을 해 낼 사람이야."

"글쎄요……."

"그 사람은 남들이 가지 않는 좁고 험한 길을 걸어갈 사람이야. 네가 아니면 누가 그 사람을 이해하고 도울 수 있겠니?"

오빠의 간곡한 설득에 마침내 스물네 살 김경내는 박두성과 혼인하기로 마음먹었습니다. 김경내는 신교육을 받은 여성이었지만 식구들 옷 짓는 바느질 솜씨에서 음식 솜씨까지, 어느 것 하나 막힘이 없었어요. 그리하여 평생 박두성이 펼친 맹인 교육 사업의 동반자가 되어 박두성의 손과 발이 되었습니다.

몇 해 뒤, 김경내는 예쁜 여자 아이를 낳았습니다.

"아가, 까꿍! 까꿍!"

여섯 살이 된 오빠는 자기를 보고 방긋방긋 웃는 아기가 여간 귀엽지 않았어요.

"어머니, 아버지는 아무리 바쁘셔도 우리 아기 이름은

지어 주셔야지요. 오빠인 날 보고 이렇게 방긋방긋 웃을 때까지 이름도 안 지어 주시다니, 정말 너무하세요. 우리 동네 애들 가운데에 정희라는 계집애가 가장 예쁘던데 우리 아기도 정희라고 불러요, 네?"

　제생원 아이들을 위해서라면 몸을 아끼지 않았지만 식구들에게는 무심하던 아버지 때문에 아기 이름은 이렇게 지어졌답니다. 뒷날 박정희는 아버지의 시각 장애인 교육 사업을 끝까지 이어 가는 가장 든든한 후원자가 되었습니다.

 ## 문틈으로 엿본 수업 시간

얼마 전 태어난 동생에게 정희는 엄마를 뺏겨 심심했습니다. 정희는 몰래 사택 문을 빠져나와 맹아부 교실 쪽으로 살금살금 걸음을 옮겼어요. 빠끔히 열린 문틈으로 카랑카랑한 아버지 목소리가 새어 나왔습니다.

"자, 얘들아. 이제 미국 대륙을 잘 만져 보았니? 임양숙! 일어나서 북아메리카가 어디에 있는지 대답해 보렴. 그리고 뉴욕과 워싱턴도 어디 한번 찾아보아라."

열두 사람쯤 되어 보이는 학생들이 나란히 앉아 있는 교실에는 종이 찰흙으로 빚은 지도가 놓여 있었습니다. 빤질빤질하게 칠해진 바다, 우툴두툴한 땅, 도드라지게 솟아 있는 산을 학생들이 열심히 만져 보고 있었지요. 산 사이를 지나 바다로 흘러가는 강물도 푸른색으로 예쁘게 칠해져 있었어요.

　어린 정희의 눈에도 그 지도는 무척 재미있어 보였습니다. 마음 같아서는 정희도 열린 문틈으로 들어가 딱 한 번만 지도를 만져 보고 싶었습니다. 지난번에도 아버지는 나무판자를 잘라 세모꼴, 사다리꼴을 만들다가 손을 다쳤는데, 그새 또 새로운 지도를 만들었는지, 정희는 아버지 솜씨가 신기하기만 했어요.

　엊그제 산술 시간에도 정희는 창문 너머로 주판을 가르치는 아버지를 훔쳐보았습니다. 마치 전기 스위치처럼 생긴 주판알을 위아래로 젖히면서 셈하는 맹인용 주판을 앞에 놓고 아버지는 언니 오빠들에게 말했어요.

　"눈이 보이지 않는다고 너희들 마음까지 우울해서는 안

된다. 밝고 명랑한 마음을 가지려면 늘 쉬지 않고 배워야 한단다. 사람이 배우지 않으면 마음까지 암흑이 되고 마는 법이지. 자, 그럼 오늘은 우리 주머니에 돈이 얼마가 들어오고 얼마가 나가는지 셈하는 법을 배워 보자. 그래야 점자로 가계부를 써 두고, 자기 주머니에 있는 돈을 잘 간수하며 살 수 있지 않겠니?"

 학생이라고는 하지만 교실에는 10대 소년부터 스무 살, 또는 서른 살이 된 아저씨까지 함께 앉아서 아버지 말에 고개를 끄덕였어요.

"자, 여기가 1의 자리고 그 다음이 10자리, 그 다음이 100자리다. 손끝으로 잘 더듬어서 하나씩 더해 보자. 엄지로 옆 알을 하나 올리고 집게로 넷을 떨고 다시 옆 알을 하나 더 올리고……."

아버지 말이 떨어지자 학생들은 저마다 생선 비늘처럼 생긴 주판알을 손으로 더듬기 시작했어요. 그러다 한 학생이 그만 주판알을 잘못 건드리고 말았습니다.

"너는 넷을 떨어야 할 때 번번이 셋을 떠는구나. 눈을 감았다고 머리까지 감았느냐?"

아버지의 무서운 불호령이 떨어지자 정희는 자기도 모르게 질끈 두 눈을 감았어요. 조금 있다 살그머니 교실을 들여다보니 아버지는 한 사람 한 사람 손가락을 잡아 가며 셈하는 법을 알려 주고 있었어요. 정희의 얼굴에도 어느새 환한 웃음이 번졌습니다.

한글 점자 연구를 시작하다

"이 망할 메꾸라*눈먼 사람을 낮춰 부르는 일본 말*야, 눈이 멀었다고 손까지 비뚤어졌느냐?"

점자 인쇄기에 정신없이 매달려 있던 박두성은 교무실 쪽에서 들려오는 소리를 듣고 깜짝 놀랐습니다.

'아니, 학생을 가르치는 학교에서 '메꾸라'라는 말을 쓰다니……'

화가 치밀어 오른 박두성은 한달음에 교무실로 뛰어갔습

니다. 맹아부 학생 하나가 일본인 교사에게서 사정없이 얻어맞고 있었어요. 얘기를 들어 보니, 교무실에 심부름을 온 그 학생이 일본인 교사의 책상을 더듬다가 그만 잘못해서 잉크병을 엎질러 버리고 만 것입니다.

가만히 지켜보던 박두성은 더 참을 수가 없었어요. 박두성은 일본인 교사를 똑바로 바라보며 말했습니다.

"당신 두 눈이 건강하다고 앞으로 눈을 잃지 않는다는 보장이 어디 있습니까? 맹인들을 가르치는 교육자라면 정신과 마음부터 건강해야 합니다. 학생들 눈을 밝히려 하기 전에 당신 마음의 눈부터 밝혀야겠소. 잉크를 쓰고 나면 뚜껑을 꼭 닫아 놓아야 한다는 것도 모릅니까?"

아무리 마음이 격해도 흥분하지 않고 결국 할 말을 다 하고야 마는 박두성을 보고, 일본인 교사는 새파랗게 질린 채 부르르 떨었습니다.

"그럼 맹인 교육, 당신 혼자 다 하시오."

"좋소이다. 맹인들 가르치는 선생이라면 체면이 깎일까 봐 전전긍긍하는 당신 같은 사람들은 눈 뜬 애들이나 가르

치시오."

박두성의 가슴속에는 일본인에게 이런 차별과 모욕을 당할 때마다 나라 없는 백성의 울분이 쌓였습니다. 가장 답답한 것은 우리 나라 말로 된 점자를 가르칠 수 없다는 것이었지요.

그런데 평양에서 제생원으로 유학 온 학생들 가운데는 우리 말 점자를 쓰고 있는 학생들이 있었습니다. 벌써 1896년쯤에 미국 선교사인 로제타 홀 여사가 세운 '평양 여학교'에 시각 장애인을 위한 반이 있었고, 홀 여사는 미국의 뉴욕 점자를 가지고 한글 점자를 만들었습니다.

박두성은 홀 여사가 만든 점자를 꼼꼼히 살펴보다가 몇 가지 문제점을 찾아냈습니다.

먼저, 자음과 모음은 그런대로 쓸 수 있었지만 받침을 표기하는 방법이 제대로 해결되지 않았고, 둘째는 네 점으로만 이루어져 있다 보니 낱말이 길어져 읽는 속도가 더뎠어요. 더구나 뉴욕 점자는 미국 일부에서만 쓰는 것이라 표준으로 삼기가 어려웠습니다.

1920년 새해 아침.

이른 새벽, 잠이 깬 박두성은 여느 때처럼 기숙사 방을 구석구석 돌며 학생들 잠자리를 살폈습니다. 머리맡에 둔 물그릇조차 얼어 버릴 정도로 추운 날씨였습니다. 박두성의 머릿속은 온통 한글 점자 생각으로 가득 찼습니다.

'잘못 만들어진 점자에 한번 길들면 맹인들의 손끝 감각은 다시 고치기가 어려울 거야. 제대로 된 온전한 한글 점자를 연구해야만 해.'

고요히 잠든 제생원 기숙사를 돌다 박두성은 차가운 겨울 하늘을 올려다보았습니다. 눈에 띄게 빛나는 새벽 별 하나가 머리 위에서 푸르게 빛났습니다.

그 해부터 박두성은 한글 점자 연구에 빠져 들었습니다. 우선 일본인 교사의 눈을 피해 1학년 전태환과 3학년 노학우, 왕석보를 몰래 불렀어요.

"우리가 한글 점자를 제대로 만들려면 아무래도 세종 대왕께서 한글을 창제하신 근본 원리부터 알아야겠구나. 한글 창제 과정부터 살펴보자꾸나."

"알겠습니다, 선생님!"

한글은 누구나 소리 나는 대로 쉽게 쓰고 읽을 수 있는 과학적인 글자입니다. 따라서 한글 점자도 한글처럼 과학의 원리에 따라 쉽게 만들어야 했어요.

"간단하면서도 읽기 쉬워야 해요."

"왼손 검지로 읽기에는 점 여섯 개로 된 것이 좋겠어요, 선생님."

제자들과 연구를 거듭한 끝에 임시로 만든 한글 점자가 나왔습니다. 박두성은 자신이 만든 점자가 과연 학생들에게 맞는지 시험해 보기 위해 깜깜한 밤, 촛불도 끄고 눈을 감은 채 손끝으로 점자를 더듬어 보았습니다. 임시로 만든 한글 점자에 확신이 생기자, 박두성은 다시 세 학생을 불렀습니다.

"이것이 내가 만든 3.2점식 점자란다. 자음은 세 점으로, 모음은 두 점으로 이루어져 있으니, 너희가 이걸 읽어 보고 어떤지 내게 말해 주렴."

점역*점자로 옮긴다는 뜻* 된 종이를 받아 든 세 학생은 흥분을 감출 수 없었습니다. 난생 처음 읽어 보는 제대로 된 한글 점자였기 때문이지요.

실용성이 검증된 것은 아니었지만 3.2점식 점자가 나오자 맹인들은 너도 나도 앞 다투어 한글 점자를 배워, 책을 읽고 편지를 쓰게 되었습니다. 말로만 듣던 《옥루몽》과 《심청전》을 받아쓰느라 날이 새는 줄도 몰랐습니다.

 ## 조선어 점자 연구 위원회

"여보, 무얼 그렇게 골똘히 생각하세요?"

김경내가 박두성을 보고 물었습니다. 벌써 몇십 분째 저녁 밥상을 앞에 두고 생각에 잠겨 있는 남편을 보니 답답한 마음을 참을 수 없었던 것입니다.

"아무리 해도 안 되겠어. 받침 글자를 제대로 해결할 수가 없어."

이렇게 혼잣말을 하며 박두성은 오른쪽 엄지와 집게손가

락을 쉴 새 없이 붙였다 뗐다 하고 있었습니다.

"여보, 국이 다 식어 버렸으니 어떡해요?"

"허허, 국은 필요 없소. 입 안의 밥이 씹을 새도 없이 벌써 단물이 되어 넘어가 버리고 말았는걸."

점자를 연구하느라 골똘히 생각에 잠길 때면 박두성은 다른 것은 하나도 눈에 들어오지 않았어요.

"아무래도 안 되겠어. 받침으로 쓰는 자음을 첫소리 자음과 똑같이 쓰니 볼 수 없는 사람들은 어느 게 받침인지 도무지 구분을 못 하는군. 시간이 걸리더라도 받침 문제를 해결할 수 있는 좋은 방법을 찾아봐야겠어."

이렇게 3.2점식 점자의 가장 큰 문제는 받침으로 쓰는 자음을 알기 어렵다는 것이었습니다.

1923년 4월, 박두성은 제자인 유도윤, 이종덕, 노학우, 전태환, 이종화, 황이채, 김영규, 김황봉, 이렇게 여덟 사람을 모아 비밀리에 '조선어 점자 연구 위원회'를 만들었습니다. 세종 대왕이 한글 창제를 할 때, 성삼문을 비롯해 여덟 학사들을 모아 '언문청'을 만든 것을 본떴지요.

마침 그 해에는 박열이 일본 천왕을 암살하려다 잡힌 사건에다 의열단원 김상옥이 종로경찰서에 폭탄을 던지고 자결한 사건까지 겹쳐 우리 말 점자 연구 단체를 만드는 일이 결코 쉽지 않았어요.

세종 대왕이 음운 연구를 하면서 성삼문을 명나라 한림학사에게 열세 번이나 보냈다는 이야기를 듣자 박두성은 좋은 생각이 떠올랐습니다. 맹아부 졸업생 가운데 일본으로 유학 간 노학우에게 세계 맹인의 아버지인 루이 브라이가 만든 점자 배열표를 연구하게 했어요.

프랑스에서 태어난 루이 브라이(Louis Braille)는 세 살 때 아버지의 마구를 가지고 놀다가 다쳐 눈이 멀었습니다. 브라이는 한 신부님의 도움으로 파리 왕립 맹학교에 입학한 뒤, 열다섯 살 때 그 시절 쓰던 돋을새김 글자를 고쳐 처음으로 6점 점자를 만들어 냈어요. 브라이가 만든 점자는 누구나 쉽게 배우고 쓸 수 있어서 오늘날 여러 나라 점자의 바탕이 되었습니다. 영어로 점자를 '브레일(braille)'

이라고 하는 것도 브라이 이름을 딴 것입니다.

물론 브라이가 만든 점자는 알파벳을 바탕으로 만든 것이어서 이를 한글 점자에다 적용하기는 어려웠습니다. 하지만 박두성은 루이 브라이의 6점 배열을 한글 점자에도 응용할 수 있다는 확신을 가졌어요.

먼저 가로로 두 점씩, 세로로 세 줄, 모두 여섯 점을 가지고 서로 겹치지 않도록 변화할 수 있는 방법을 수학으로 계산했어요. 그랬더니 한 점을 쓰는 경우에서 여섯 점 모두를 다 쓰는 경우까지, 모두 예순세 가지 점자를 만들 수 있었습니다. 이제 남은 일은 이 점자를 우리 한글 원리에 맞게 잘 배치하는 일이었어요.

그러나 제자들과 함께 밤낮을 가리지 않고 점자 연구에 몰두하던 박두성은 그만 심한 눈병에 걸리고 말았습니다. 손끝으로 만져야 겨우 알 수 있는 깨알 같은 점자를 들여다보며 읽고 다시 점자로 옮기느라 자신의 눈을 너무 돌보지 않았기 때문입니다.

"여보, 몸이 1000냥이라면 눈이 900냥이라는데, 이제 좀 쉬세요."

 부인 김경내는 날이 갈수록 붉게 핏발이 서는 남편의 눈을 안타깝게 바라보았습니다. 흐릿하던 박두성의 눈은 겨우 낫기는 했지만, 눈동자는 그만 회색으로 바뀌어 버리고 말았습니다.

훈맹정음, 마침내 세상의 빛을 보다

박두성은 눈병으로 멈추었던 한글 점자 연구를 다시 시작했습니다. 손끝으로 점자를 만졌을 때, 점이 적을수록 읽기 쉬운 것은 당연한 일입니다.

그래서 박두성은 주로 두 점으로 첫소리 자음과 받침 글자를 만들고, 모음은 모두 세 점으로 만들었습니다. 소리가 나지 않는 첫소리 ㅇ은 빼고, 문장에서 많이 쓰이는 글자(가, 을, 은, 의, 에, 애, 예, 와, 워)들은 따로 떼어 간단한 약자를 만들었습니다.

　1926년 8월, 마침내 맹인들을 위한 점자인 '훈맹정음(訓盲正音)'이 세상에 나왔습니다. '눈먼 사람들을 가르치는 바른 소리'라는 뜻이지요. 처음 3.2점식 점자를 연구한 지 6년 여 만의 일이었습니다.

　"선생님, 이제 저희도 눈을 뜨게 되었습니다. 무엇이든지 다 읽고 공부할 수 있게 되었어요."

　제자들은 받침까지 온전하게 만들어진 한글 점자를 읽으며 좋아서 어쩔 줄을 몰랐지요. 박두성은 그 모습을 바라보며 조용히 웃었습니다.

　이제 이 한글 점자를 학생들에게 가르치기 위해서는 총독부에 허락을 받아야 했습니다. 그런데 그 해 여름 조선의 마지막 황제인 순종의 장례식을 맞아 '6·10 만세 운동'이 일어났습니다.

　"마지막 떠나는 순종 황제의 장례 행렬을 보려고 돈화문에 모인 사람들이 인산인해를 이루었다고 합니다, 선생님."

"그래, 기미년 3·1 만세 운동 뒤로 가장 많은 사람들이 모였다고 하네. 말을 탄 기마병들이 시위대를 강제로 해산시켰는데, 학생들이 많이 잡혀 갔다는구먼."

"이런 뒤숭숭한 시국에 선생님께서 만드신 훈맹정음을 총독부에서 받아들여 줄지 참 걱정입니다."

박두성과 제자들은 무겁게 가라앉은 표정으로 이런저런 이야기를 나누었습니다.

"그래도 해 봐야지. 이 점자를 한시바삐 우리 맹인들이 쓰게 하려면 이 방법밖에는 없네. 내가 사이또 총독에게 진정서를 써 보겠네."

박두성은 깊은 생각 끝에 펜을 들었습니다.

눈이 보이지 않으면 마음이 닫히고 세상도 닫히고 맙니다.

맹인들이 쓸 수 있는 점자가 없어서 그들 마음의 눈을 밝히지 못하면, 실명이라는 첫째 장애에다 둘째, 셋째 또 다른 장애가 깊어집니다.

그리하여 마침내는 정서가 불안해지고 열등감이 생겨 다른 사람들과 함께 살아갈 수 없는 심각한 정신적인 문제를 낳게 되고 맙니다.

　그 모든 장애에서 이들을 구해 주는 길은 오직 글을 가르쳐 정서를 순화하는 길밖에 없습니다. 그러므로 조선 맹인들의 점자인 훈맹정음을 가르칠 수 있도록 반드시 승인해 주시기 바랍니다.

간곡한 박두성의 편지 덕분에 한글 점자는 결국 총독부의 승인을 얻었습니다.

1926년은 훈민정음 반포 480주년이 되는 뜻 깊은 해였습니다. 그 해 11월 4일, 박두성과 제자들은 '훈맹정음 제정 축하 기념식'을 준비했습니다. 그러나 총독부의 시끄러운 간섭을 피해 제자 이종화 집에서 조촐한 축하회를 여는 것으로 대신했습니다.

그 뒤 1935년에는 비록 일제 강점기였지만 시각 장애인도 한글 점자로 투표를 할 수 있게 되었고, 해방 뒤 교육법이 국회를 통과함으로써 훈맹정음은 시각 장애인을 위한 공식 문자로 인정을 받았습니다.

 '육화사'와 점자 통신 교육

추운 겨울밤입니다.

"산아, 산아, 조선 산아. 네 아무리 높다 해도……."

어디선가 학생들이 책을 읽는 소리가 들려왔습니다. 기숙사를 한 바퀴 돌아보던 박두성은, 시린 손을 이불 밑에 녹였다 꺼내면서도 점자책을 읽느라 열심인 학생들을 보았어요.

박두성은 자신이 창안한 한글 점자가 실제로 시각 장애

인들에게 얼마나 편리한지 알고 싶었습니다. 그래서 한글 점자의 실용성을 연구하려고 조선어 점자 연구회를 만들었고, 곧이어 '육화사'라는 이름으로 고쳤습니다. '육화'는 하늘에서 내리는 눈의 결정이 육각형인 것에서 따온 것으로, 점자가 여섯 점인 것과도 관련이 있었어요. 하얀 종이 위에 촘촘하게 잘 써진 점자는 그 모습이 마치 눈꽃처럼 보이기도 했지요. 육화사는 점자 통신 교육을 위한 취지문을 만들어 전국의 맹인들에게 보냈습니다.

앞 못 보는 이와 그들의 가족, 친구에게 드림.
옛사람도 무식한 사람을 일러 담과 마주 선 것 같다 했습니다. 누구든지 배워야 하지만, 더욱이 눈먼 이는 성한 사람보다 조금이라도 더 배워야 할 것입니다.
능숙한 목수는 상한 나무도 버리지 않습니다. 눈먼 사람들을 위하여 점자가 있으니 이것을 통해 무엇이든지 읽을 수 있습니다. 그러므로 겉눈은 뜨지 못할지라도 속눈은 뜰 수 있고, 무엇이든지 쉽게 배울 수 있어서 외국에는 맹인 가운데 학자나 사업가 같은 이름난 사람이 많습니다.

　눈이 사람의 모든 것은 아닙니다. 눈이 사람 노릇을 하는 것이 아니라, 영혼과 생각이 사람 구실을 하는 것입니다. 맹인을 방에만 가두어 두지 말고 그들에게 글을 가르치십시오.

　점자 연구와 보급을 위해 만들어진 육화사는 나라 곳곳에 담당 간사를 두었는데, 남한뿐만 아니라 북한의 평양, 신의주, 나남, 청진에까지 간사를 두어 통신 교육을 했습니다. 이처럼 박두성이 펼친 점자 통신 교육으로 한글 점자는 일찌감치 남북한 모두 통일을 이룰 수 있었지요.

　평안도 의주에는 학교 문 앞에도 가 보지 못한 점쟁이 맹인들이 모여 사는 마을이 있었답니다. 어느 날 서른 살이 된 장성주가 어린 천년이에게 말했어요.

　"경성에 사는 박두성이란 분이 점자를 발명해서 편지만 보내면 설명서를 보내 준대."

　그 말을 들은 천년이는 귀가 솔깃했어요.

　"점자라는 게 도대체 어떻게 생겼대요?"

"내가 듣기로는 오톨도톨한 좁쌀보다 작은 점을 손끝으로 읽는다는데, 편지만 보내면 점자판과 종이도 보내 주고 나중에는 책도 빌려 준대. 우리, 큰집 도련님께 편지 한번 띄워 달라고 부탁해 보자."

그랬더니 정말 며칠이 지나지 않아 점자 설명서와 함께 점자 용지, 점자판이 배달되어 왔어요. 그 안에는 점자기를 빌린 데 따르는 청구서와, 조금이라도 점자기를 망가뜨리거나 잃어버릴 경우 보증인을 내세워 2원 80전을 물어야 한다는 다짐이 들어 있었습니다.

김천년과 장성주는 글을 읽을 줄 아는 사람들에게서 설명을 들어 가며 밤낮을 가리지 않고 점자를 배우기 시작했습니다. 그런 지 채 한 달이 못 되어 천년이는 박두성과 간단한 편지를 주고받을 수 있는 정도가 되었습니다.

"아저씨, 이것 보셔요. 선생님께서 이번에는 〈천자문〉을 보내 주셨어요. 이걸 다 읽고 나면 〈조선어 독본〉을 보내 주시겠대요."

열세 살이 되어 처음으로 글이라는 것을 배우고 편지까

지 쓰게 된 천년이는 박두성의 편지를 받고 기뻐서 어쩔 줄 몰랐습니다.

마침 천년이의 동네에는 부잣집이 있었는데, 천년이 어머니가 그 집 일을 도와주고 있었어요. 그 집 새 며느리는 학교를 다닌 신여성이어서 자주 천년이에게 책을 읽어 주었답니다. 아침밥을 먹기가 무섭게 천년이는 어제 온 편지를 들고 아씨네 집으로 갔습니다.

"아마 박두성 선생님은 편지를 받자마자 그 자리에서 답장을 쓰시는 모양이에요. 이렇게 기가 막히게 답장이 빨리 오다니 말이에요."

천년이는 서둘러 편지 봉투를 열고 점자로 쓰인 편지를 읽어 내려갔습니다.

"천년아, 지난번 편지에는 '내 방에'라는 말을 쓰면서 'ㅂ' 다음에 모음 'ㅏ'를 빼먹었더구나. 가운뎃소리 '아'를 빼서는 안 된단다. 이것은 마치 기둥 없는 집과 같은 것이지."

어린 천년이는 박두성의 이 말이 무슨 명언이라도 되는

것처럼 줄줄 외우고 다녔습니다.

일본 사람들의 감시를 피해 조선어 점자를, 그것도 글을 모르는 맹인들에게 통신 교육을 한다는 것은 여간 어려운 일이 아니었습니다. 그러나 박두성은 통신 교육생들에게 편지를 부칠 때마다 이렇게 마음속으로 되뇌었습니다.

'아무리 우리 나라에 글 모르는 사람이 많더라도 한 동네에 글을 읽을 줄 아는 사람이 하나쯤은 꼭 있겠지. 그들에게 편지를 읽어 달라고 하면 된다. 그렇게만 된다면 통신으로 점자를 가르치는 일은 틀림없이 성공할 거야.'

이렇게 의주와 경성 사이에 놓인 사랑의 다리는 어린 소년의 눈을 밝혀 주었고, 김천년은 뒷날 동경 맹학교 사범과를 마친 뒤 서울 맹학교에 선생님으로 부임했습니다.

 **들판의 벼는**
주인의 발자국 소리에 자라고

"불이야! 애들아, 불이 났다! 대문 옆 김 서방네 집에서 난 불이 바람을 타고 이쪽으로 넘어오고 있구나. 빨리 빨리 서둘러 옷을 입고 교무실 뒷길을 돌아 뒷마당으로 피해야 한다, 어서!"

차가운 겨울밤, 깊은 잠에 빠져 있던 학생들은 제생원 기숙사 사감인 박두성의 다급한 소리에 놀라 어찌할 바를 몰랐습니다. 옷을 거꾸로 입고서 더듬거리며 나온 사람, 신발도 신지 못한 채 맨발로 뛰쳐나오면서도 지팡이는 챙겨 나온 사람……. 바이올린을 품에 꼭 껴안고 나온 사람도 있었습니다.

한 사람도 빠짐없이 뒷마당에 모여 선생님이 무슨 얘긴가 하기만을 기다렸습니다. 그때 박두성이 학생들을 보며 이렇게 말했습니다.

"오늘 우리가 한 것은 '소방 훈련'이란 것인데, 이것은 결코 내가 너희들을 속이려고 한 것이 아니란다. 앞을 보지 못하는 너희들에게 꼭 필요한 훈련이기에 오늘 밤 연습을 해 본 것이란다. 위험한 사고가 언제 어느 때에 날지 모르는 것이다. 그러니까 늘 잠자리에 들 때에는 옷을 반듯하게 챙겨 놓고 신발도 제자리에 정리해 두자. 그래야 재빨리 몸을 피할 수 있지 않겠니?"

그제야 여기저기서 안도의 한숨이 새어 나왔습니다.

제생원 사감으로서 빈틈이 없던 박두성은 아이들 생활 지도에서도 빈틈이 없었지요.

처음 학교에 입학한 맹인들에게는 눈먼 사람 특유의 자

세가 있었어요. 두 팔을 쳐들고 턱을 내밀며 맹인용 지팡이도 없이 더듬거리며 걷기 때문에 멀리서 보아도 맹인이라는 것을 금세 알 수 있었지요.

종만이는 입학한 지 얼마 되지 않은 학생이었습니다.

"종만아, 네가 또 사람들을 웃기려고 작정을 했느냐?"

박두성의 불호령이 떨어지자, 종만이는 목을 움츠리며 일그러진 얼굴로 그만 그 자리에 얼어붙고 말았습니다.

"지팡이를 가지고 다녀야지. 땅이 움푹 파여 있거나 돌부리에라도 걸려 넘어졌다가 운이 나쁘면 다리가 부러질 수도 있지 않겠니? 어딜 가든지 반드시 지팡이를 들고 다녀야 한다. 그건 남에게 '내가 보지 못하니 당신이 비켜 가시오.' 하는 중요한 신호란다. 다음부터는 어디를 가든지 반드시 지팡이를 들고 다녀야 한다. 알겠느냐?"

"네, 알겠습니다, 선생님."

'들판의 벼는 주인의 발자국 소리를 듣고 자란다.'는 말이 있습니다. 마찬가지로 장애아도 가르치는 사람의 손길로 자라기 때문에 학생들의 생활 교육을 하느라 박두성은 잠깐이라도 쉴 틈이 없었어요.

가장 바쁜 때는 밥 먹는 때였습니다. 구수한 조밥 냄새가 기숙사 안에 풍겼습니다. 후각이 예민한 학생들은 벌써 식당 앞을 서성거리기 시작했어요.

이윽고 거친 조밥이 나오자 시장기에 마음이 급해진 학생들은 예의를 차릴 것도 없이 요란한 소리를 내며 먹기에 바빴습니다.

"꼭 개처럼 쩝쩝대거나 돼지처럼 후룩대면서 먹어서야 어디 사람이라고 하겠니? 눈이 보이는 사람들 가운데도 함께 밥을 먹기가 싫은 사람이 있단다. 누가 제 그릇을 뺏어 갈 것처럼 얼굴을 박고 급하게 먹어서는 안 되지. 바른 자세로 앉아 음식 먹는 소리를 내지 말고 먹어야 한다. 우리는 앞을 못 보기 때문에 누구보다 더 예의를 지켜야 하느니라."

그때 한쪽 구석에 앉아 숟가락을 꽉 움켜잡고 정신없이 밥을 퍼먹는 학생이 박두성 눈에 띄었습니다.

"동천아, 음식은 한입에 넣을 수 있을 만큼만 떠서 숟가락을 깨끗이 훑어 먹어라. 안 그러면 줄줄 흘리게 된단다. 그리고 젓가락질이란 게 까다롭긴 하지만 배우면 못 할 것도 없지. 자, 이렇게 엄지와 검지와 약지에 딱 대어 보아라."

밥 먹는 것도 잊은 채 한 사람 한 사람 쫓아다니며 식사 예절을 가르친 결과, 얼마 뒤 기숙사에는 젓가락질을 못 하는 학생이 하나도 없었어요.

어느 봄날 저녁입니다.

한창 먹성 좋은 학생들은 거칠고 양이 적은 기숙사 밥을 먹고 나서도 늘 배가 고팠습니다. 그 시절 기숙사 학생들이 가장 즐겨 먹던 간식은 단연 호떡이었지요. 학생들의 고향 집에서는 어려운 살림살이에도 그때 돈으로 1원이나 2원이라는 돈을 부쳐 주었는데, 그러면 학생들은 하나에 5전씩 하는 호떡을 사 먹느라 다 써 버리는 경우가 많았습니다.

기숙사 방을 돌아보다가 박두성은 일남이가 없어진 것을 눈치 챘어요. 박두성은 앞을 조금 볼 수 있는 일남이가 전혀 못 보는 학생들에게 호떡을 사다 주고 심부름 값으로 두어 개씩 얻어먹는다는 것을 알고 있었어요.

몰래 교문 밖으로 나간 일남이는 호떡을 사서 교문으로 들어서다가 바로 앞에서 나는 발자국 소리에 화들짝 놀랐습니다. 일남이는 다급한 마음에 호떡을 감출 곳이 얼른 생각나지 않자 호떡 봉지를 머리 위에 올려놓고 두툼한 겨울 모자를 푹 눌러썼습니다.

"일남이 너, 어디 다녀오는 길이냐?"

박두성의 목소리에 놀란 일남이는 모자를 쓴 채 머리로만 꾸벅 인사를 했어요.

"이 녀석아, 모자도 안 벗고 인사하는 법이 어디 있니? 아니, 그리고 웬 땀을 그렇게 흘리느냐? 더운 모양인데 얼른 그 모자부터 벗어야겠다."

일남이가 하는 수 없이 모자를 벗자 신문지에 싸인 뜨거운 호떡이 툭 하고 땅에 떨어졌어요.

"이 녀석들, 고향 집에서 보내 주는 돈이 얼마나 귀한 건지 너희들이 몰라서 그러느냐? 그걸 다 호떡 값으로 없애?"

박두성의 긴 손가락이 이마를 튕기자 일남이는 정신이

번쩍 났습니다.

　다음 날 아침, 서른 명 남짓 되는 기숙사 학생들 밥 위에는 호떡이 한 조각씩 놓여 있었습니다.

 ## 성서 점역을 시작하다

산들산들 바람이 기분 좋게 불어오는 봄밤입니다.

박두성이 얼마 전부터 점역을 시작한 《임꺽정》 이야기는 무척 인기가 많았어요. 새 책을 읽으며 좋아할 학생들 생각에 박두성은 피곤한 줄도 몰랐습니다.

잠깐 한숨을 돌리며 학교 둘레를 거닐다가 박두성은 하얀 백송나무 앞에서 발길을 멈추었습니다. 달빛에 하얀 비늘을 벗고 서 있는 백송나무에서 싱그러운 솔잎 향이 풍겨

왔어요. 박두성은 문득 오늘 오후에 어떤 통신 교육생에게서 받은 편지가 떠올랐습니다.

저는 평양 근처 시골에 사는 열일곱 살 된 사람입니다. 저희 집은 고향 마을에서는 제법 이름난 부잣집입니다. 그러나 부모님은 저를 볼 때마다 '저런 애물단지는 차라리 죽어 없어져야 한다.'고 하시니, 하루하루 살아가는 일이 괴로워서 마음 붙일 곳이 없습니다. 이렇게 깜깜한 암흑으로 사느니 차라리 영원한 죽음으로 끝을 맺고 싶습니다.

박두성은 그 청년이 당장 죽기라도 할 것 같아 그 자리에서 서둘러 답장을 썼습니다.

신체 조건이 인간의 문제를 다 해결해 주는 것은 아닙니다. 그것은, 인간이 육체와 정신이라는 두 세계를 가지고 있기 때문이지요.

비록 이 세상에서는 맹인으로 태어났지만 새롭게 태어날 영혼

을 위하여 종교를 갖는 것이 좋겠습니다.'

　급하게 쓴 자신의 편지를 되새겨 보다가 박두성은 갑자기 좋은 생각이 떠올랐습니다.
　'그래, 오늘부터 성서를 점자로 옮겨 보자. 저 환한 달처럼 그들의 마음을 밝힐 수만 있다면 당장이라도 좋겠어.'
　그날 밤 박두성은 곧바로 성서를 점자로 옮기기 위해 하나하나 계획을 짰습니다. 그러나 제생원 맹아부의 아연판은 교과서를 찍기 위한 것이었기 때문에 그것으로 한글 점자 성서를 찍어 낸다는 것은 어려웠습니다. 그래서 영국 성서 공회에서 아연판을 지원받고, 일본 맹인 기독교 신앙회에서는 점자 제판기를 기증받았어요.
　낮이면 교실에서 아이들을 가르치고, 밤이면 사택에서 점자 성서 원판을 제작하느라 박두성은 밤늦도록 고된 작업을 이어 갔습니다.
　그날도 저녁 식사를 끝낸 박두성은 마치 치과 의사의 반사 거울처럼 생긴 것을 이마에 붙이고 아연판에 점자를 찍을 준비를 했습니다. 먼저 점자 원판인 아연판을 제판기에 끼우고, 키 여섯 개를 두 손으로 누르면서 페달을 밟으면, 침이 아연판에다 점을 찍어 나가는 것입니다.

"정희야, 오늘은 어디 찍을 차례니?"

"아버지, 준비 다 되셨어요?"

열 살이 된 정희는 밤마다 아버지에게 성서를 읽어 주는 일이 무척 고되었어요.

"예수께서 그 여인에게……."

낭랑한 정희의 목소리가 퍼지면 박두성은 그 소리에 맞춰 쾅쾅 제판기를 밟으며,

"예수께서 그 여인에게……."

하고 되받아 중얼거리면서 점자 키를 눌렀어요. 이렇게 아버지와 딸이 부르는 이중창이 밤마다 아연판과 어둠을 뚫고 나아갔습니다. 어쩌다 어린 정희가 졸음에 겨워 깜빡 졸다 줄을 놓치기라도 하면 아연판을 뽑아 정과 망치로 두드려 지운 뒤에 다시 찍어야 했어요.

밤마다 아버지에게 성서를 읽어 주는 일에 시달린 박정

희는 그 뒤부터 성경을 즐겁게 읽을 수 없게 되었습니다. 그렇게 1년이 지난 뒤, 한글 점자로 된 《마태복음서》가 영국 성서 공회 발행으로 나왔습니다.

박두성에 대한 일본인들의 감시는 날이 갈수록 심해졌습니다.

그즈음 윤봉길 의사가 일본군 대장에게 폭탄을 던진 일이 있어 조선에 대한 탄압은 더욱 심해졌고, 이런 때에 우리 말로 된 점자책을 펴낸다는 것은 여간 위험한 일이 아니었지요. 제판기를 찍는 소리가 문 밖으로 새어 나갈까 봐 박두성은 무더운 여름밤에도 문을 걸어 잠근 채 딸과 함께 성서 점역을 이어갔습니다.

어느덧 쉰을 바라보는 나이에 박두성은 또다시 시력을 잃어버릴 뻔했어요. 고된 점역 일과 영양실조 때문이었지요. 수술로 겨우 시력을 되찾기는 했지만 회색으로 바뀌어 버린 눈동자는 더욱 흐려지고 말았습니다.

이듬해 맹아부에서는 조선어 수업을 없애기 위한 회의가 열렸습니다.

"조선어는 가정에서 다 배웠으니, 학교 수업에서는 아예 없애도록 합시다."

일본인 교사가 말하자 모두 만장일치로 이 안건을 밀어붙일 기세였습니다.

그때 박두성이 조용히 입을 열었습니다.

"아무리 가정에서 배운 것이라고는 하지만 그나마 한 주에 한 시간밖에 없는 조선어 시간마저 없애 버린다면, 볼 수 없는 그들에게 일본 말도 제대로 가르치기 어려울 것입니다. 눈도 보이지 않는 사람이 일본 말만 쓴다면 그들의 부모 형제와는 어떻게 의사소통을 하겠습니까?"

박두성이 끈질기게 주장한 덕분에 조선어 수업을 없애는 일은 당분간 미루어졌습니다. 혼자서 일본인 교사들과 힘겨운 씨름을 하고 나온 박두성은 정희에게 이렇게 말했습니다.

"어떤 민족이 노예가 되더라도 자신의 말을 잘 간직할

수만 있다면 감옥의 열쇠를 쥐고 있는 것이나 마찬가지란다."

정희는 오래도록 아버지가 한 이 말을 잊지 않았습니다.

박두성은 살얼음을 딛는 듯한 위험을 무릅쓰고 해방될 때까지 200종이 넘는 우리 말 점자책을 찍어 냈습니다. 그 안에는《천자문》,《조선어 독본》,《3·1 운동 비사》,《명심보감》을 비롯하여, 민족의 현실을 알리거나 교양을 쌓는 데 도움을 주는 책이 많았습니다.

 ## 한국에 온 헬렌 켈러

　정희는 경성 사범학교 1학년을 마치고 겨울 방학이 되자, 가족이 있는 인천으로 갔습니다.
　지난 해 아버지는 22년 동안이나 다닌 제생원 맹아부를 그만두었어요. 아마도 좀 더 자유로운 몸으로 맹인들을 위해 일하고 싶었는지도 모르겠어요.
　아버지가 학교를 그만두자, 식구가 많은 집안 형편은 당장 어려워졌어요. 그래서 아버지는 정희가 어렵게 경성 사범학교에 합격했을 때조차도 입학을 축하해 주기는커녕 장학금을 꼭 받아야 한다는 짤막한 편지만 보냈답니다.

다행히 지난 가을부터 아버지는 영화 학교 교장 선생님으로 자리를 잡게 되었어요. 하지만 여전히 좁디좁은 사택 방 한 칸에다 점자 제판기를 들여놓고는 밤늦도록 쾅쾅 소리를 내며 점자를 찍었습니다.

"아버지, 그 소리 때문에 잠을 잘 수가 없으니 어쩌지요? 이제 그만 주무셔요."

"낮에 수고를 덜 하면 못 자는 법이란다. 잠이 안 오면 이것 좀 읽어 다오. 혼자 읽으면서 찍으려니 몹시 힘이 드는구나."

모처럼 고향 집에 내려온 정희는 결국 그날 밤도 아버지에게 책을 읽어 드리느라 꼬박 밤을 새웠습니다.

그즈음 20세기의 기적이라고 일컬어지는 헬렌 켈러가 일본을 거쳐 제생원 맹아부와 평양 숭실 여고를 찾아왔습니다. 헬렌 켈러는 보지도, 듣지도, 말하지도 못하는 세 가지 장애를 극복한 놀라운 인물이었습니다. 헬렌 켈러는 전 세계를 돌아다니며 사람들에게 장애인들의 현실과 교육의 필요성을 알렸어요. 실제로 헬렌 켈러가 다녀간 뒤 세계 여러 나라에서는 장애인을 위한 학교나 복지 시설이 세워졌습니다.

헬렌 켈러가 제생원을 방문한 일은 우리 나라 장애인들에게 커다란 자극이 되었습니다. 제생원 맹아부와 농아부* 학생들은 자신들이 마치 헬렌 켈러가 된 듯 마음이 들떴고, 교사들 역시 금방 학생들을 헬렌 켈러로 만들 수 있을 것처럼 생각했지요.

*청각 장애아

그래서 어떤 맹인들은 우리 현실을 제대로 보지도 못한 채,

"안마와 침술은 배울 것이 못 된다. 우리도 이보다 더 큰 야망을 갖자."

하며 흥분을 감추지 못했어요. 이것을 본 박두성은 이렇게 말했습니다.

"한 송이 꽃을 피우기 위해서도 얼마나 간절한 정성을

들여야 하느냐? 하물며 헬렌 켈러가 저렇게 위대해지기까지 얼마나 많은 사람들이 관심과 노력을 기울였을까? 헬렌 켈러만 위대한 게 아니지. 오히려 그보다 변변한 자료도 없이 혼자 공부해서 헬렌 켈러의 강연을 훌륭하게 통역해 낸 우리 김성실이 더 장하지 않은가?"

김성실은 홀 여사가 세운 평양 여자 맹학교를 나온 맹인이었습니다. 박두성은 이렇듯 우리 나라 장애인 현실에 그 누구보다 많은 관심을 갖고 있었지요.

박두성은 제생원 교사였을 때에도 학기 중에는 점자 통신 교육을 하다가 방학이 되면 해주와 평양 들을 직접 찾아가 점자를 가르쳤습니다. 제생원을 그만둔 뒤에는 더욱 자주 지방을 찾아다니며 점자를 가르쳤기 때문에 조선의 맹인이라면 누구나 박두성 이름 석 자를 알고 있었습니다.

통신 교육을 받기 위해 등록한 맹인의 수가 수백 명이 넘고, 새로운 책을 점자로 펴내 달라는 편지가 여기저기에서 날아왔어요. 박두성은 점자 연구와 보급을 위해 만든 모임인 '육화사'를 '조선 맹인 사업 협회'라는 이름으로 바꾸고 잠시도 쉴 틈 없이 점역을 이어갔습니다.

그러던 어느 날, 평양 미림 비행기 제작소에 징용 간 아들이 죽었다는 편지가 날아왔어요. 뜻밖의 소식에 놀란 박두성은 점자 제판기에서 벌떡 일어나다 허리에 심한 통증을 느꼈습니다.

30년 동안 구부리고 앉아 아연판에 점자를 찍느라 생긴 허리 병은 아들을 잃은 슬픔과 함께 평생 박두성에게 큰 고통을 안겨 주게 됩니다. 그럼에도 성서 점역을 시작한 지 10년 만에 드디어 아연판 천 장에 가까운 《신약 성서》를 완성했답니다.

 <촛불>과 이상진

일본에 빼앗긴 나라를 되찾은 1945년 8월 15일.

인천 율목동 25번지 긴 돌담을 따라가다 보면 큰 태극 무늬가 그려진 대문이 나오고, 바로 그 옆에는 그 동안 햇빛을 보지 못하던 태극기가 걸려 있었습니다. '조선 맹인 사업 협회'와 '점자 도서 안내소'라고 쓰인 두 개의 문패가 이곳이 보통 집이 아님을 알려 주고 있었지요.

언제나 아침이면 우체부가 전국의 맹인들한테서 오는 편

지와 점자책을 전하느라 두툼한 꾸러미를 안고 바쁘게 이 집 문턱을 드나들었어요. 영화 학교를 그만두고 밤나무골(목동)에 터를 잡은 박두성은 맹인들이 언제라도 이곳을 쉽게 찾을 수 있게 집 대문에다 큰 태극 문양을 또렷하게 그려 놓았습니다. 그래서 '태극 대문 집'이라고 하면 마을에서 모르는 이가 없었지요.

대문에 들어서서 안채를 쳐다보면 넓은 대청마루 위에 점자책들이 빼곡하게 세워져 있었습니다. 《성경》, 《찬송가》, 《침구요혈》, 《천자문》, 《소공자》, 《명심보감》, 《금삼의 피》, 《흙》, 《사랑》……. 늘어만 가는 점자책을 쌓아 둘 서고가 모자랄 정도였습니다.

우체부가 다녀간 지 얼마 지나지 않아서, 부인 김경내는 열심히 무엇인가를 적고 있는 박두성에게 편지를 내보였습니다.

"여보, 부산에서 《사도 신경》을 보내 달라는 편지가 왔어요. 그리고 이것도 좀 보세요. 《순애보》라는 소설을 점역해 달라고 평양에서 보낸 편지예요."

"허허, 그것참.《순애보》가 요즘 장안에서 인기인 모양이오. 이렇게 성화가 대단한 걸 보니."

편지를 다 읽고 나서 하나하나 답장까지 쓰고 난 뒤, 박두성은 불편한 허리를 이끌고 툇마루에 있는 제판기 앞으로 갔습니다. 거기에는 마치 피아노 연주자를 기다리는 악보처럼 막 점역을 시작한 우리 나라 역사책이 놓여 있었습니다.

그때였습니다.

"선생님, 저 왔습니다. 상진이가 왔습니다."

마당을 가로질러 반가운 소리가 들렸습니다.

이상진은 맹아부를 졸업하고 인천에 내려와서 안마원을 하고 있는 똑똑하고 의욕 넘치는 청년이었습니다.

"선생님, 나날이 새롭게 돌아가는 세상 이야기와 조국 광복의 기쁜 소식을 우리 맹인들만 모르고 지내는 것이 참 안타깝습니다. 그래서 말인데요, 점자 주간지를 한번 만들어 보면 어떨까요?"

"그래, 그것 참 좋은 생각이구나. 나도 일제 말에 조선

맹인들을 위한 '조선어 점자 신문'을 만들자고 총독부에 건의한 적이 있었지만 잘 되질 않았어."

그때는 라디오가 있는 집도 드물었을 뿐 아니라 맹인들 가운데에는 신문을 받아 보는 집이 거의 없었어요.

"우선 인천에 사는 맹인들에게 스무 쪽쯤 되는 주간 신문을 만들어 돌려 보았으면 합니다. 선생님께서 하고 싶은 얘기와 꼭 알려 주고 싶은 읽을거리를 준비해 놓으시면, 점자로 찍는 것은 제가 돕겠습니다."

"그게 좋겠구나. 그럼 이 주간지 이름은 어두운 방을 환하게 밝혀 준다는 뜻에서 '촉불'*촛불의 옛말 이라고 하자꾸나."

이렇게 불을 밝힌 〈촉불〉 제1호는 한국 전쟁이 일어나기 직전까지 나와 모두 200호를 넘게 펴내게 되었습니다.

어느 날, 이상진은 박두성에게서 《선생 없이 영어를 배우는 책》 이야기를 듣고 호기심이 생겼어요. 그래서 박두성의 도움으로 그 책을 점역한 뒤 혼자서 영어를 공부했어요. 얼마 뒤 이상진은 그때 인천에 와 있던 미국 군인들과 간단한 이야기를 나눌 수 있게 되었지요.

이를 계기로 이상진은 미국 맹인 단체에서 오는 여러 잡지와 영어 점자책을 자유롭게 받아 보게 되었습니다. 시각 장애인을 위한 우편물은 각 나라 사이에 무료로 오갈 수 있다는 국제 협약 덕분이었답니다.

광복이 되자 특별한 후원 단체도 없이 박두성 혼자 힘으로 점자 도서를 찍어 내고 빌려 주기에는 어려움이 많았습니다. 무엇보다도 가장 힘든 일은 점자 찍을 종이를 구하는 것이었지요. 그래서 예순 살이 된 박두성은 서울로 올라갔습니다.

먼저 중앙청에 가서 점자책 만들 종이를 달라고 요구하고 상업은행, 조선은행, 식산은행 들을 돌면서 묵은 장부나 헌 출근부라도 구하려고 애를 썼습니다. 또 국립 도서관을 찾아가 시각 장애인을 위한 점자 도서실을 두어야 한다고 설득했습니다.

박두성이 날마다 기록해 둔 〈맹인 사업 일지〉에는 그때 점자 종이를 구하며 겪은 어려움을 '양반 걸인'이라고 비유하고 있습니다.

어느 날 박두성이 이상진에게 말했습니다.

"상진아, 점자용 종이를 구하기도 어려운 마당에 우송용 포장지는 또 어떻게 해야 할지 걱정이구나."

"선생님, 일본이나 미국에서는 다들 천으로 된 우송용 주머니를 쓴답니다. 주머니 앞에 투명한 셀로판지를 붙이고, 그 안에다 주소를 쓴 종이를 넣는 것이지요. 종이 앞면에는 받을 곳, 뒷면에는 보내는 곳 주소를 써 놓으면, 하나하나 남들에게 주소를 써 달라고 부탁할 필요도 없습니다."

"그것 참 편리하겠구나. 당장 우송용 주머니부터 만들어야겠다."

부인 김경내는 광목천을 구해 와서 점자책 넣을 주머니를 만들고, 당시 구하기 어렵던 셀로판지는 병원의 엑스레이 필름을 얻어 와서 투명하게 긁어냈습니다. 낡은 천 조각 하나, 셀로판지 한 장, 점자 찍을 종이 한 장도 귀한 때였습니다.

박두성의 검소한 습관 때문에 어린 외손녀들도 다 쓰고

난 도화지나 공책 표지를 들고 와서는,

"외할아버지, 이것도 점자 찍는 데 쓸 수 있나요?"
하고 물었답니다.

박두성과 함께 〈촉불〉을 발행한 이상진은 미군정 재판 통역관이 되었고, 뒤에 서울 맹학교 영어 선생님이 되어 학생들을 가르치게 되었습니다.

 태극 대문 집에서 열린 맹인 잔치

1948년 음력 3월 16일.

한창 물이 오르기 시작하는 초록 잎으로 온 세상이 합창을 하는 듯했습니다. 한낮의 햇빛도 누그러지기 시작하는 오후 다섯 시였습니다. 율목동 골목에는 흰 지팡이를 손에 들고 옷을 말쑥하게 차려입은 맹인들이 서너 명씩 무리를 지어 걸어왔습니다.

"저, 말씀 좀 묻겠습니다. 여기 혹시 태극 대문 집이 어디인지요?"

"아, 그 집이라면 이 길을 따라 쭉 가다가 오른쪽으로 돌면 됩니다."

골목 어귀에 앉아 바람을 쐬던 동네 가게 주인은 고개를 갸우뚱했습니다.

"아니, 오늘 벌써 몇 사람째야? 도대체 무슨 일이지? 한두 사람도 아니고, 어림잡아도 100명은 되어 보이는 맹인들이 줄줄이 태극 대문 집을 찾다니. 오늘 그 댁에서 무슨 심 봉사 맹인 잔치라도 열리려나? 아휴, 궁금해서 못 참겠네, 나도 한번 가 봐야겠어."

맨 앞에 선 안내자의 어깨를 한 손으로 잡고 또 한 손은 지팡이를 짚은 채 줄지어 가는 그들을 보자 가게 주인은 도무지 궁금해서 견딜 수가 없었습니다.

벌써 태극 대문 집 마당에는 전국 곳곳에서 모여든 100여 명의 맹인들과 그들을 안내하고 온 사람, 구경하러 온 동네 사람들로 발 디딜 틈이 없었어요. 댓돌 위에는 차례차례 정돈된 신발이 빼곡히 줄지어 있었고, 한쪽 벽에는 그들이 짚고 온 지팡이가 나란히 세워져 있었습니다.

사람들은 마치 미리 연습이나 한 듯이 안방과 대청 안쪽부터 차례차례 자리를 잡고 조용하고 반듯한 자세로 앉았습니다. 이윽고 한 사람이 일어섰습니다.

"저는 춘천에 사는 유도윤입니다. 오늘 저희는 아버지와 같은 박두성 선생님의 회갑을 축하드리기 위해 모였습니다. 저 멀리 부산, 마산, 목포에서부터 가깝게는 춘천, 원주에서 이렇게 찾아와 선생님을 뵙게 되니, 참으로 감개무량합니다. 친부모조차 내다 버릴 수밖에 없던 저희에게 점자를 가르쳐 눈을 뜨게 해 주시고 사람답게 살게 해 주셨으니, 고맙다는 마음을 어떻게 말로 다 표현할 수 있겠습니까? 오늘 1부는 선생님의 회갑을 축하하는 예배를 함께 드리고, 식사를 한 뒤 2부에서는 저희가 마련한 축하 공연을 열겠습니다."

유도윤의 인사말이 끝나자 하얀 두루마기를 정갈하게 차려입은 박두성이 자리에서 일어났습니다.

"오늘 이렇게 불편하실 텐데도 먼 길 마다하지 않고 와

주신 여러분께 우선 고맙다는 인사부터 드립니다. 여러분 앞에는 변변하진 않지만 집에서 조촐하게 차린 음식이 놓여 있습니다. 준비한 음식은 민어회, 김치, 부추장아찌, 북어찜, 제육, 전유어, 잡채, 묵무침, 사과, 배, 떡 들이니 골고루 맛보시기 바랍니다."

이어 기도와 함께 식사 시간이 되었습니다. 박두성의 부인과 아들딸들은 제자들 사이사이에 서서 음식을 날라다 주었습니다.

전국 곳곳에서 모인 백여 명의 맹인들이 음식을 먹는 모습은 실로 심 봉사의 맹인 잔치를 떠올리게 하는 멋진 모습이었습니다. 그 모습이 어찌나 점잖고 예의 바른지, 안마당에 모여든 동네 사람들은 놀라지 않을 수 없었습니다.

2부 순서가 되자, 흥겹고 유쾌한 웃음소리가 여기저기서 터져 나왔습니다. 부산에서 온 제자들이 아코디언과 관악기 반주에 맞춰 노래를 부르고, 멋진 화음으로 4중창을 부르는 제자들도 있었습니다.

이어 선생님에게 축하 선물을 드리고 자기소개를 하는

시간이 되었습니다. 그때 누군가 맹아부 기숙사 시절 호떡 사건을 이야기하는 바람에 한바탕 웃음보따리가 터지기도 했습니다.

마지막으로 박두성이 답사를 할 차례였습니다.

"나는 오늘 이 자리가 어떤 훌륭한 사람의 축하 잔치인가 하고 넋을 놓고 구경만 하고 있었는데, 나에게 답사를 하라고 하니 몸 둘 바를 모르겠습니다. 나는 스물여섯 살 나이에 맹아부에 들어간 뒤, 한 번도 내 나이를 세어 본 적 없이 살았습니다. 그런데 오늘 어느덧 예순하나가 되었다고 하니 나 자신도 놀랐습니다. 나에게 이렇게 과분한 축하와 선물을 주신 데 대해 무어라 드릴 말씀이 없습니다. 하지만 나는 여러분이 생각하는 것처럼 무슨 훌륭한 뜻을 품고 맹아부에 간 것이 아닙니다. 많은 동생들을 데리고 남의 집에 살고 있던 내게 월급에다 사택까지 주겠다는 조건이 반가워서 맹아부에 간 것입니다. 그곳에 발을 디딘 첫날, 앞을 볼 수 없는 불쌍한 사람들을 만나자 나는 정신이 돌아 버릴 지경으로 놀라고 말았습니다. 눈을 뜨고도 살기가 이렇게 어려운데, 이 앞 못 보는 식구들은 어떻게 살아갈 수 있을까? 이런 생각을 하자, 나는 그들이 읽을 점자를 만들고 읽을거리를 찍어 내느라 그때부터 내 나이도 잊어버렸습니다. 오늘 나는 참으로 기쁩니다. 이렇게 여러분이 당당하게 어깨를 펴고 남들에게 인격적인 대접을 받으며 사는 모습을 보니 무척 기쁩니다. 부디 여러분 모두 행복하시기를 바랍니다."

모처럼 환하게 웃는 박두성의 눈가에는 눈물이 어렸습니다. 그 날 태극 대문 집 잔치에 모인 사람들 가슴에는 무엇과도 견줄 수 없는 환한 빛이 번졌습니다.

 ## 점자 성서를 완성하다

    1950년 여름, 아침부터 들리기 시작한 폭격 소리에 고막이 떨어질 지경이었습니다.

    허리 병이 심해져 피난을 떠나지 못한 박두성은 아이를 낳은 지 두 달밖에 안 된 딸 정희와 함께 율목동 집을 지키고 있었습니다.

    다시 무시무시한 함포 사격 소리가 들려오자, 정희는 온 집 안의 이불로 방을 싸다시피 해 파편이 튀어 다치는 일이 없게 해 두었습니다. 철제 침대 밑에 허리가 아픈 아버지 박두성이 들어가 누울 자리를 마련해 놓고서야 정희는 겨우 한숨을 돌렸습니다.

조금 뒤, 폭격 소리가 잦아들자 박두성은 지친 몸을 이끌고 침대 밑에서 기어 나오더니, 맹인들에게 보낼 편지를 쓰기 시작했습니다.

"이런 전쟁 통에 누구에게 보내시려고 글을 쓰세요, 아버지?"

"아니다. 이 나이만큼이나 살아왔으니 이제 난 두려울 것도 없지. 내가 할 일은 이것밖에 없단다."

정희는 삶과 죽음을 넘나드는 끔찍한 상황에서도 자신의 일을 묵묵히 하는 아버지를 보자 마음이 숙연해졌어요. 박두성은 전쟁 중에도 점자 신문을 찍어 피난 못 간 맹인들에게 돌려보게 하고 점자책도 찍어 냈습니다.

그 이듬해, 박두성은 막내딸과 함께 부산으로 피난을 떠났습니다. 부산에는 전쟁 중에 다친 군인들이 많이 있었고 그 가운데에는 실명한 사람들도 있었습니다. 이것을 본 박두성은 부상으로 시력을 잃어버린 군인들을 데리고 '정양원'이라는 곳에서 점자를 가르쳤습니다.

한국 전쟁이 끝난 가을, 율목동 집으로 돌아온 박두성에게 청천벽력 같은 소식이 기다리고 있었습니다. 전쟁이 터지기 전 대한 성서 공회에 맡겨 놓은 점자 성경 원판이 폭격을 맞아 다 타 버리고 말았다는 것입니다. 일제의 눈을 피해 10년 동안 밤마다 딸 정희와 함께 점역한 《신약 성서》 아연판이 그만 전쟁 통에 사라지고 만 것이지요. 박두성은 한동안 아무런 말도 하지 못한 채 넋을 잃고 말았습니다.

어느 겨울날이었습니다.

박두성은 녹슨 제판기를 손질하고 롤러도 새로 갈아 끼웠습니다. 예순여덟 살이 된 그는 성탄절을 맞아 일기장에 이렇게 썼습니다.

10년 동안 밤마다 애써 점역한 성서 열 권을 전쟁의 불길에 잃어버린 지 오래다. 오늘 성탄절을 맞아 다시 성서 점역을 시작하니, 남은 생애 동안 차례로 출간해 우리 맹인들에게 든든한 버팀목을 만들어 줘야겠다.

그러나 얼마 뒤 중풍으로 쓰러지는 바람에 이 일기는 박두성의 마지막 친필 기록이 되고 말았습니다. 다시 시작한 성서 점역도 미완성인 채로 남게 되었습니다.

"박 교장 사모님, 계세요?"

마당에서 누군가 부르는 소리가 들렸습니다. 중풍으로 쓰러진 남편에게 아침저녁으로 침을 놓으며 간호를 하던 김경내는 그 소리에 안방 문을 열고 밖을 내다보았습니다. 한동네에 살며 낯이 익은 중년 아주머니와 여고를 갓 졸업했을까 싶은 앳된 아가씨가 마당에 서 있었어요.

"저, 실례가 될지 모르겠지만, 사모님께서 하도 용하게 침을 잘 놓으신다기에 저희 딸을 좀 봐 주셨으면 하고 데리고 왔습니다."

"아휴, 용하다니 별말씀을요. 바쁘게 뛰어다니시던 우리

영감님께서 이렇게 손발을 못 쓰시게 되니 안타까워서 행여 마비가 풀릴까 하고 한번 놓아 보는 거지요."

오랫동안 한의원을 한 친정아버지에게서 침을 배운 김경내가 몇몇 사람의 병을 낫게 하자, 그 소문을 듣고 태극 대문 집을 찾는 사람들이 가끔 있었습니다.

"그래, 아가씨 이름은 어떻게 되나요?"

"이경희라고 합니다. 몇 해 전 인천 여고를 졸업했어요."

여리고 앳된 모습이었지만 목소리가 낭랑하고 총명한 인상을 풍겼습니다. 곁에서 이를 지켜보던 박두성의 머릿속에는 불현듯 미완성인 성서 점역이 떠올랐습니다.

"경희 양, 혹시 맹인들이 쓰는 점자를 한번 배워 볼 생각이 없어요?"

"글쎄요, 그게 어떤 건가요?"

"자, 이 점자 일람표를 줄 테니 가져가서 한번 읽어 봐요. 해 볼 마음이 생기면 그때 와서 얘기해 줘도 돼요."

그 날 우연히 율목동 집에서 박두성을 만난 이경희는 점자 일람표를 보자 호기심이 생겼어요. 혼자서 쉽게 점자를 깨우친 뒤, 열흘 뒤에 태극 대문 집을 찾아왔습니다.

"그래, 점자를 배울 만합디까?"

"네, 한번 배워 보고 싶어요."

"흐음, 그럼 알고 있는 시를 어디 한번 찍어 봐요."

박두성은 점자 타자기를 이경희 앞으로 내밀었습니다.

그러자 이경희는 정몽주가 쓴 〈단심가〉를 단숨에 찍어 내려 갔어요.

"이 몸이 죽고 죽어 일백 번 고쳐 죽어……."

이경희가 찍은 글을 꼼꼼하게 읽어 본 박두성은 깜짝 놀랐어요. 처음 찍는 점자였는데 틀린 글자가 한 자도 없었으니까요.

"경희 양, 점자 찍는 실력을 보니 잘할 수 있겠어요. 당장 오늘부터 열심히 배워 봅시다."

박두성은 이경희가 마치 하늘에서 보내 준 천사인 듯 예쁘고 대견해 보였습니다. 그동안 마루 한구석에서 쉬고 있던 제판기는 그 날부터 다시 새 주인을 만나 부지런히 움직이기 시작했습니다. 성서 점역을 시작한 이경희는 가냘

픈 몸으로도, 하루에 아연판을 열 장이나 찍어 냈습니다.

어느 날 이경희에게 방송국 아나운서 시험에 합격했다는 통지서가 날아왔어요. 하지만 이경희는 자신을 끔찍하게 아끼는 박두성 할아버지를 돕느라 다른 생각은 할 겨를이 없었어요.

"경희 양은 틀림없이 하나님이 우리에게 보내 주신 게야. 난생 처음 하는 점자 일을, 저렇게 혼자 읽고 혼자 쓰면서도 틀린 글자가 거의 없으니……."

"게다가 언제나 웃는 모습 좀 보세요."

박두성과 김경내는 힘든 줄도 모르고 제판기 앞에 서서 페달을 밟는 이경희를 흐뭇하게 바라보았습니다.

그런 뒤로 2년.

드디어 점자로 된 《신약 성서》, 《구약 성서》가 완성되었습니다. 그 뒤 이경희는 점자 도서관의 점역사가 되어 평생 동안 숱한 사람들의 눈을 밝혀 주는 일을 하게 됩니다.

 ## 늘 푸른 소나무가 되다

　1963년 8월 25일, 밤나무골 태극 대문 집에는 고요한 정적이 감돌고 있었습니다.
　8년째 자리에 누워 힘겹게 병과 싸우던 박두성의 머리맡에는 종이 하나 놓여 있었습니다. 다른 사람의 도움이 필요할 때마다 울리는 종이지요. 그러나 그것조차 벌써 며칠째 아무런 소리도 내지 못한 채 주인의 머리맡을 지키고 있었습니다. 의식이 가물거리는데도 박두성은 쉴 새 없이 오른손 엄지 끝으로 집게손가락 마디를 하나씩 짚고 있었습니다.

　그 모습을 지켜보던 김경내는 한글 점자를 연구할 무렵 밥상을 앞에 놓고서도 골똘히 생각에 빠져 손가락 마디를

만지던 남편의 옛 모습이 떠올랐습니다.

"어머니, 평생 점자를 연구하시던 그 일이 생명이 끊어지려는 마지막 순간에도 이어지고 있네요."

박두성의 바로 곁에서 임종을 지키던 딸 정희가 아버지를 안타깝게 바라보며 말했습니다.

이윽고 멀리 흩어져 있던 가족들이 모두 모였습니다. 마지막으로 가장 아끼던 제생원 맹아부 시절의 제자가 박두성의 손을 잡으며,

"선생님!"

하고 부르자, 감은 박두성의 두 눈가에서 주르르 눈물이 흘러내렸습니다. 일흔여섯 해, 암자의 소나무처럼 푸르게 살아온 박두성은 이렇게 영원히 눈을 감고 말았습니다.

송암 박두성은 아무도 시각 장애인 교육과 인간다운 삶에 관심을 갖지 않던 일제 강점기에 맹인들을 위해 자신의 몸을 던진 분입니다. 박두성이 만든 한글 점자를 통해, 어두움에 갇혀 있던 눈먼 사람들은 세상을 향해 스스로 문을 열 수 있게 되었어요.

그리고 박두성은 장애를 가진 사람들에게 굳게 닫혀 있는 사회와 사람들의 비뚤어진 마음을 바로잡기 위해 자신

의 온 힘을 다했어요. 박두성이 뿌린 한글 점자의 씨앗은 오늘날 전국 곳곳에 있는 시각 장애인 학교와 시각 장애인 복지관, 그리고 점자 도서관으로 퍼져 나갔습니다.

 교동섬 달우물 마을을 찾아가다

"김포에서 48번 국도를 타고 강화읍을 지나 창후리 선착장에 오시면 교동섬으로 가는 페리호를 탈 수 있어요. 물때를 맞춰 오시면 15분 만에 들어올 수 있어요."

전화로 미리 배편을 알아본 우리 식구는 차 안에서 먹을 아침 식사를 챙겨 들고 서둘러 창후리 선착장으로 갔습니다. 박두성 선생님이 살아온 길을 하나하나 좇다 보니, 그분이 태어나고 어린 시절을 보낸 교동섬이 어떤 곳인지 무척 궁금해졌습니다.

 토요일 아침, 선착장에는 밀물이 빠져나가기 전에 배를 타려고 벌써 많은 차들이 줄지어 페리호를 기다리고 있었습니다. 차를 배에 싣고 선착장을 떠난 우리는 그 많은 차를 다 실을 수 있는 페리호인 '화개호'가 참 신기했어요. 또 강화도에서 빤히 눈앞에 보이는 섬이 바로 교동섬이라는 것에도 놀랐지요.

 배가 떠나자, 뱃전에는 사람들이 던져 주는 과자를 먹으려는 갈매기들이 힘차게 날아올랐습니다.

 월선리 포구에 다다르니 '교동 사랑회'의 이강성 선생님이 미리 나와서 우리를 반겨 주었어요. 교동의 역사와 문화 유적지를 알리는 데 특별한 관심을 가진 분이었습니다. 월선리 포구에서 얼마 떨어지지 않은 곳에 박두성 선생님이 태어난 달우물 마을이 있었어요.

 박두성 선생님이 어릴 적 살았다는 집은 사라지고 지금은 빈 집터만 남았지만, 아직도 그곳에는 선생님의 친척들이 살고 있어요. 집터 뒤에는 1933년에 이곳으로 옮겨졌다는 교동교회 건물이 종탑과 함께 옛 모습을 갖추고 있었습니다.

또 얼마 떨어지지 않은 곳엔 그 마을의 유래가 된 달우물이 있었습니다. 나는 한참 동안 달우물가에서 생각에 잠겼답니다. 116년 전에 이곳에서 태어나 동생들과 함께 서당을 다니고, 이른 나이에 강화도에 나가 보창학교에서 신식 교육을 받은 총명한 소년 박두성의 모습을 눈앞에 그려 보았어요.

교동을 돌아보면 섬이라는 게 믿기지 않을 정도로 넓게 들판이 펼쳐져 있어요. 넉넉하게 섬 전체를 안고 있는 화개산에 오르면 산 중턱에 '화개사'라는 작은 절이 있습니다. 아담하고 정갈한 이 절의 옛 이름은 '화개암'이었고요. 절을 지키는 비구니 스님은 우리를 보자 이렇게 말했어요.

"저기 저 소나무 밑에 앉아서 바다 구경 좀 하다 가시지요."

스님이 가리키는 곳에는 서해 바다를 굽어보며 푸른 기운을 뿜어내는 해묵은 소나무 한 그루가 서 있었습니다.

"아하!"

나도 모르게 탄성이 나왔습니다. 거친 바닷바람을 견디며 꿋꿋이 뿌리를 내렸을 그 소나무를 보자 '송암'이라는 박두성 선생님 호가 떠올랐거든요.

내 눈에는 이 자리에 앉아 눈 아래 굽어보이는 서해 바다와, 바다 건너 펼쳐질 넓은 세상에 대한 호기심으로 가슴이 벅찼을 한 소년이 보이는 듯했어요. 또한 민족의 정기를 키워 해방을 그리던 독립 운동가들에게서 새로운 학문을 배우고, 그가 사랑한 예수처럼 인간다운 세상을 꿈꾸던 청년 박두성의 모습도 떠올랐어요.

유난히 달고 시원한 샘물로 목을 축인 뒤 섬을 돌아 나오는 길에, 우리는 선착장에서 또 다른 사람들을 만났습니다. 박두성 선생님의 흔적을 찾아 충주에서 자원 봉사자와 함께 놀러 온 시각 장애인들이었습니다. 바람에 묻어 오는 갯내를 맡으며 느긋하게 이야기를 나누는 그들을 보자, 나는 박두성 선생님이 이 모습을 본다면 어떤 생각을 할지 궁금해졌습니다.

물이 빠져나가기 시작한 선착장을 떠나 배가 강화도로 뱃머리를 돌리자, 나는 나도 모르게 뒤를 돌아다보았습니다. 점점 멀어지는 화개산을 뒤로 한 채 달우물 마을에서 한 소년이 우리를 보고 손을 흔들어 주고 있었습니다.

도움 받은 책 (가나다 순)

간추린 인천사, 오종원 외 3인 지음, 인천학연구소

나의 아버지 박두성, 박정희 지음, 미발표 원고

루이 브라이, 마가렛 데이비슨 지음, 이양숙 옮김, 다산기획

박정희 할머니의 육아일기, 박정희 지음, 한국방송출판

사진과 그림으로 보는 한국의 역사 1·2, 역사문제연구소 지음, 웅진출판

살아 있는 한국사 교과서, 전국역사교사모임 지음, 웅진닷컴

손끝으로 느끼는 세상, 존 헐 지음, 강순원 옮김, 우리교육

송암 박두성 전기, 이상진 지음, 송암기념사업회

한국맹인근대사, 백리전 지음, 한국시각장애인복지재단

헬렌 켈러, 도로시 허먼 지음, 이수영 옮김, 미다스북스

훈맹정음 창안자 박두성전, 박병재 지음, 한국맹인교육연구회

2002년 4월의 문화 인물 박두성 자료집, 이완우 지음, 문화관광부